전광훈 목사 성경공부 시리즈 01

# 7대 명절로 나타난 그리스도

교사용

# 차례

# 인사말

　하나님은 이스라엘 민족에게 7가지의 명절을 주셨습니다. 우리 나라도 매달 명절이 있지만, 지금 지키는 큰 명절은 추석과 구정입니다. 반면에 이스라엘 민족은 인류 역사의 6천년 동안 하나님이 주신 7대 명절을 잊지 않았습니다. 2천년 동안 유럽에서 방황할 때도, 말과 풍습은 잊었으나 어느 곳에 가든지 7대 명절은 꼭 지켜왔습니다. 그 결과, 이스라엘 민족은 없어졌던 나라를 2천년 만에 건국할 수 있었고, 어느 나라에서 살든지 그곳에서 최고의 위치를 유지할 수 있었습니다. 오늘날 전세계의 경제는 유대인의 손에 있고, 문화예술의 할리우드도 유대인의 손에 있으며, 미국의 정치도 유대인의 손에서 벗어날 수 없습니다. 사실상 유대인이 전세계를 점령하고 있다고 보아야 합니다. 그 이유는 7대 명절과의 관계를 오늘까지도 붙잡고 있기 때문입니다. 이스라엘의 7대 명절은 이 세상을 창조하신 하나님이 사람으로 오셔서 인간을 구속하기 위하여 행하신 예수 그리스도의 7가지 구원 사역을 말하고 있습니다. 비록 유대 민족은 7대 명절의 복음적 의미를 모르고 지켜왔지만, 오늘날 세계의 가장 뛰어난 민족이 되었습니다. 그렇다면 바울 서신을 근거한 7대 명절의 복음적 의미를 알 때 얼마나 더 하나님이 여러분을 축복하실지 기대하기를 바랍니다.

전광훈 목사 드림

## ▶ 교사에게 To the Teacher

| | |
|---|---|
| 주제 | • 매 단원은 학습자 속에 이루고자 하는 주제가 존재합니다. 이 주제 위에 서서 성경공부를 진행하도록 합니다.<br>• 교사는 학습자끼리 나누어지는 이야기들이 단원의 주제로부터 크게 벗어나지 않도록 합니다. |
| 진행 사항 | • 교사는 학습자와 만나기 전에 미리 교재를 예습하고 준비합니다.<br>• 교사는 각 단원의 내용을 준비할 때, 복습질문과 나눔질문에 스스로 답해 보면서 교재를 연구하도록 합니다. 이렇게 함으로써 교사는 학습자에게 생길 수 있는 질문들을 예상하고 이 질문들로 대화를 활발하게 이끌어갈 수 있습니다.<br>• 교사는 학습자에게 답안을 주는 설교자가 아니라, 학습자가 본문에 대해 충분히 생각하고 자신의 이야기를 나눌 수 있도록 돕는 인도자입니다.<br>• 교사는 소극적인 학습자에게는 강요하지 않으며, 칭찬과 격려를 통해 자신의 이야기를 할 수 있도록 유도하고, 스스로 이야기를 나눌 때까지 기다려 줍니다.<br>• 교사는 학습자로부터 예기치 못한 질문을 받았을 때는 긴장하지 않고 솔직하게 말하는 것이 좋습니다. (예를 들어, "제가 다음 주에 답을 정확하게 찾아서 알려 드릴게요.") |

| | |
|---|---|
| **진행 방식** | • 성경공부는 1시간에서 1시간 반 이내로 진행합니다. (매 시간마다 한 단원을 끝낼 필요는 없습니다. 때로는 한 단원을 2~3번에 걸쳐서 끝내야 될 때도 있습니다. 교사는 학습자에게 맞춰서 자유롭게 진행해 주세요.)<br>• 시작하기 전에 찬송과 기도로 학습자의 마음 문을 열도록 합니다.<br>• 인원은 최대 8명 이내로 하는 것이 좋습니다. |
| **교재 구성** | 1. **설교본문**: 본문은 전광훈 목사님의 설교를 교재에 맞게 재 편성한 것입니다. 본문은 학습자가 다 같이 읽든지 혹은 한 명씩 돌아가면서 읽든지, 교사가 자유롭게 배정하도록 합니다.<br>2. **복습질문**: 복습질문은 본문의 내용을 학습자가 이해했는지 확인하는 시간입니다. 복습질문은 학습자가 각자 풀든지 혹은 짝을 지어서 풀든지, 교사가 자유롭게 배정하도록 합니다. 교사는 학습자가 본문의 내용을 숙지하고 있는지 확인하도록 합니다.<br>3. **나눔질문**: 나눔질문은 배운 내용을 가지고 삶에 적용하고 결단하는 시간입니다. 이때 교사는 학습자가 서로의 생각을 자유롭게 나누고 들을 수 있게 진행하도록 합니다. |

# 7대 명절로 나타난 그리스도

**찬송하기** 살아계신 주
**기도하기** 주님, 7대 명절을 우리의 심령 속에 밀어 넣어주시옵소서
(주여 삼창 부르짖고 통성으로 기도합니다)
**성경읽기** 히브리서 10:1

어느 나라든 명절이 있습니다. 우리나라는 정월 초하루, 정월 보름, 3월 삼진, 4월 유두, 5월 단오, 7월 칠석, 12월 동지 팥죽 등 있지만, 크게 지키는 것은 구정과 추석입니다. 이런 명절들은 사람이 만들었지만, 하나님이 직접 주신 명절을 받은 민족이 있었습니다. 그들은 바로 구약시대의 이스라엘 백성이었습니다. 하나님은 구약시대의 이스라엘 백성에게 일곱 가지 명절을 주셨습니다. 다 같이 큰 목소리로 따라 해 봅시다.

유월절 (유월절!) / 무교절 (무교절!) / 초실절 (초실절!)

오순절 (오순절!) / 나팔절 (나팔절!) / 속죄절 (속죄절!)

장막절 (장막절!)

이 세상의 모든 명절은 신과 사람을 연결해 주는 의미를 가지고 있습니다. 그래서 우리나라의 옛날 어른들은 구정을 보낼 때 늘 제사를 드렸고, 추석에는 추수한 곡식으로 조상에게 절을 했습니다. 이와 동일하게, 하나님이 구약시대의 이스라엘 백성에게 일곱 가지 명절을 주신 데는 분명한 이유가 있습니다.

## 7대 명절을 주신 세 가지 이유

### 1. 유대인을 축복하기 위함입니다.

이스라엘 백성은 2천 년 전에 예수님을 십자가에 못 박은 죄로 인해 로마에 의해 함락되고, 소련, 러시아부터 아프리카까지 전 세계에 흩어지게 됩니다. 하지만 놀라운 것은, 이들은 어느 나라에서 살든지 2천 년 동안 하나님이 주신 7대 명절을 지켰다는 것입니다. 그 결과, 유대 민족은 세계 제일의 복을 받게 되었습니다. (교사는 설교집 9쪽, '유대인에게 주신 하나님의 축복'을 참고해 주세요.)

## 2. 예수님이 이 땅에 오셔서 행하실 구속사의 일곱 가지 사건을 예표하기 위함입니다.

하나님은 7대 명절을 통해 예수님이 이 땅에 오셔서 행하실 일곱 가지 사건을 보여주십니다. 하나님은 이 7대 명절을 통해 예수님의 구원사역을 이스라엘 민족에게 예행연습을 시키신 것입니다.

(1) 유월절 - 예수님은 이 땅에 오시면 십자가에서 죽으실 것입니다.

(2) 무교절 - 예수님은 십자가에서 죽으시고 무덤에 3일 동안 계실 것입니다.

(3) 초실절 - 예수님은 무덤에서 3일 동안 계시다가 부활하실 것입니다.

(4) 오순절 - 예수님은 부활 승천하셔서 성령을 이 땅에 보내주실 것입니다.

(5) 나팔절 - 예수님은 반드시 재림하실 것입니다.

(6) 속죄절 - 예수님은 천년왕국 이전에 알곡과 쭉정이를 가리실 것입니다.

(7) 장막절 - 예수님은 천년왕국을 다스리실 것입니다.

## 3. 성도의 심령 속에 나타날 복음의 일곱 가지 사건을 설명하기 위함입니다.

가장 중요한 것은 세 번째 이유입니다. 하나님이 7대 명절을 주신 이유는 오늘날 살고 있는 신약시대의 성도들 속에 이루어질 일곱 가지 복음의 사건을 설명하기 위함입니다.

(1) 유월절 - 성도의 심령 속에 구원의 역사가 일어납니다.
(2) 무교절 - 성도의 심령 속에 성화의 역사가 일어납니다.
(3) 초실절 - 성도의 심령 속에 부활의 역사가 일어납니다.
(4) 오순절 - 성도의 심령 속에 성령강림의 역사가 일어납니다.
(5) 나팔절 - 성도의 심령 속에 재림의 역사가 일어납니다.
(6) 속죄절 - 성도의 심령 속에 회개의 역사가 일어납니다.
(7) 장막절 - 성도의 속에 천년왕국의 역사가 일어납니다.

사람의 관심사는 대개 돈, 자녀, 건강이지만, 하나님의 최대 관심사는 7대 명절, 곧 복음이신 예수 그리스도입니다. 아무리 미국 유학을 가고 박사학위를 여러 개 취득해도, 하나님이 알아주기를 바라는 복음의 핵심을 알지 못한다면, 하나님이 밀어주실 수가 없습니다. 반면에 다른 백만 가지를 몰라도, 7대 명절만 제대로 안다면 하나님의 지지를 받게 됩니다. 그러므로 우리는 개인의 관심을 잠깐 내려놓고 하나님의 관심사와 일치시켜야 합니다. 그런데 중요한 것은, 나의 관심사를 하나님의 관심사 앞에 내려놓을 때, 하나님이 나의 관심사를 전부 이루어주신다는 것입니다. 마치 유대인들이 뜻도 모르면서 지킨 7대 명절을 통해 세계에서 1등 가는 축복을 누린 것처럼 말입니다.

**선포하기** 여러분이 지금 하는 모든 일에 축복이 임하기를 원하시나요? 그렇다면 하나님이 구약시대의 이스라엘 백성에게 주신 7대 명절을 알아야 합니다. 다 같이 큰 목소리로 세 번 외쳐보겠습니다. **"7대 명절을 알자!"**
(교사는 모든 성도들이 큰 목소리로 삼창을 할 수 있도록 지도해 주세요.)

# 7대 명절로 나타난 그리스도

1.  **사람이 만든 명절이 아니라, 하나님이 직접 주신 명절을 받은 민족은 어디인가요?**
    구약시대의 이스라엘 백성입니다.

2.  **하나님이 구약시대의 이스라엘 백성에게 주신 7대 명절은 무엇인가요?**
    유월절, 무교절, 초실절, 오순절, 나팔절, 속죄절, 장막절입니다.

3.  **하나님이 구약의 이스라엘 백성에게 7대 명절을 주신 첫 번째 이유는 무엇인가요?**
    첫 번째 이유는 유대인을 축복하시기 위함입니다.

4.  **하나님이 구약의 이스라엘 백성에게 7대 명절을 주신 두 번째 이유는 무엇인가요?**
    두 번째 이유는 예수님이 이 땅에 오셔서 행하실 구속사의 일곱 가지 사건을 예표하기 위함입니다.

5. 하나님이 구약의 이스라엘 백성에게 7대 명절을 주신 세 번째 이유는 무엇인가요?

세 번째 이유는 성도의 심령 속에 나타날 일곱 가지 복음의 사건을 설명하기 위함입니다.

6. 하나님의 최대 관심사는 무엇인가요?

사람의 관심사는 대개 돈, 자녀, 건강이지만, 하나님의 최대 관심사는 7대 명절, 곧 복음이신 예수 그리스도입니다. 아무리 미국 유학을 가고 박사학위를 여러 개 취득해도, 하나님이 알아주기를 바라는 복음의 핵심을 알지 못한다면, 하나님이 밀어주실 수가 없습니다. 반면에 다른 백만 가지를 몰라도, 7대 명절만 제대로 안다면 하나님의 지지를 받게 됩니다. 그러므로 우리는 개인의 관심을 잠깐 내려놓고 하나님의 관심사와 일치시켜야 합니다. 그런데 중요한 것은, 나의 관심사를 하나님의 관심사 앞에 내려놓을 때, 하나님이 나의 관심사를 전부 이루어주신다는 것입니다. 마치 유대인들이 뜻도 모르면서 지킨 7대 명절을 통해 세계에서 1등 가는 축복을 누린 것처럼 말입니다.

**Q. 그동안 여러분의 인생의 최대 관심사는 무엇이었나요?**

(교사는 성도들이 자유롭게 나눌 수 있도록 먼저 자신의 간증을 짧게 나눠주세요. 성공적인 삶보다는 가능한 연약한 모습들을 간증함으로써, 성도들이 편안하게 대답할 수 있도록 격려해 주세요.)

예시 1: '저의 최대 관심사는 돈을 많이 버는 것이었습니다.'
예시 2: '저의 최대 관심사는 부모님이 원하시는 대로 의사가 되는 것이었습니다.'
예시 3: '저의 최대 관심사는 많은 사람들에게 칭찬과 인정을 받는 것이었습니다.'

**Q.  앞으로 여러분의 인생의 최대 관심사는 무엇이 되어야 할까요?**

(교사는 성도들이 이번 단원에서 배운 내용을 삶에 적용할 수 있도록 인도해 주세요. 성도들이 지금까지 하나님의 관심사를 벗어난 삶을 살았다면, 이제는 예수 그리스도에 의한 삶을 구체적으로 결단할 수 있도록 도와주세요.)

사람의 관심사는 대개 돈, 자녀, 건강이지만, 중요한 것은, 하나님의 최대 관심사는 7대 명절, 곧 복음이신 예수 그리스도입니다. 신앙생활의 목적은 예수 그리스도입니다. 우리가 성경을 공부하는 것은 지식과 윤리 도덕을 쌓으려는 것이 아니라, 예수 그리스도가 우리 속에 들어오시기 위함입니다. 예수 그리스도가 목적이 아니라면, 모든 예배, 성경공부, 찬양, 기도, 신앙생활은 우리 삶에 무의미한 것이며 삶의 변화도 줄 수 없습니다. 오직 예수 그리스도만 삶의 중심이 되어야 합니다.

예시: '예배를 작정하여 드리겠습니다.'
예시: '매일 저녁 30분씩 기도를 작정하여 하겠습니다.'
예시: '매주 성경공부를 통해 예수님을 알아가겠습니다.'

`찬송하기` 나 무엇과도 주님을
`기도하기` 주님, 성령으로 7대 명절을 내 심령 속에 밀어 넣어 주시옵소서 (주여 삼창 부르짖고 통성으로 기도합니다)

# 유월절

**찬송하기** 199장 주 십자가를 지심으로

**기도하기** 주님, 유월절이 우리의 심령 속에 임하게 하옵소서 (주여 삼창 부르짖고 통성으로 기도합니다)

**도표참조** <7대 명절로 나타난 그리스도> 도표를 펴 봅시다. (교재 뒷장에 도표를 참조하세요.)

**복습하기** '서론: 7대 명절로 나타난 그리스도'를 함께 복습해 봅시다.

## 題目:七대 명절로 나타난 그리스도

[본문 : 히 브 리 서 10장 1절] 1. 율법(구약)은 장차 오는 일의 그림자요 참형상이 아니므로 해마다 늘 드리는바 같은 제사로는 나아오는 자들을 언제든지 온전케 할 수 없느니라
[본문 : 고린도전서 5장 6~8절] 6. 너희의 자랑하는 것이 옳지 아니하도다 적은 누룩이 온 덩어리에 퍼지는 것을 알지 못하느냐
7. 너희는 누룩 없는 자인렴 새 덩어리가 되기 위하여 묵은 누룩을 내어버리라 우리의 유월절 양 곧 그리스도께서 희생이 되셨느니라
8. 이러므로 우리가 명절을 지키되 묵은 누룩도 말고 괴악하고 악독한 누룩도 말고 오직 순전함과 진실함의 누룩을 가지고 하자

| | 유월절 | 무교절 | 초실절 | 오순절 | 나팔절 | 속죄절 | 장막절 |
|---|---|---|---|---|---|---|---|
| | πασχα 파스카<br>חסם 페사흐 | αζυμος 아쥐모스<br>מצות 마초트 | αρχη θερισμου<br>아르케이 데리스무<br>עמר ראשית<br>오메르 레이쇼트 | πεντηκοστη<br>펜테코스테<br>שבעות<br>샤부오트 | ο πρωτος του ετου<br>호 프로토스 투 에투<br>ראש השנה<br>로쉬하사나 | ημερα εξιλασμου<br>헤메라 엑시라스무<br>יום כפור<br>욤 키프르 | σκηνη 스케네<br>סכות<br>수코트 |
| **〈구약〉**<br>**유대인** | [일시] 1월 14<br>[의미] 과월절<br>[행사내용]<br>1. 어린양의 죽음<br>2. 무슬우로 문 입었음<br>피와 성전에 생행<br>[성경]<br>레23:4~5 / 고전5:7~8<br>요16:1,5~6 / 출12:6,13,21~26 | [일시] 1월 15~22<br>[의미] 과월절<br>[행사내용]<br>무교병 칠 고난의 떡을<br>七나흘 며 아침의 급히 먹음<br>[성경]<br>민15:1 / 고전5:8 / 민3<br>출12:2,17,13,7<br>레23:6~8 | [일시] 유월절 안식일 다음날<br>[의미]<br>첫열매의 단을 제사니 새유와<br>함께 든 흔들어 땅위처녀 떼<br>제사장에게 가져감<br>[성경]<br>출23:19 / 레23:9~14 | [일시] 3월 6일<br>[의미] 밀밭절, 맥추절<br>[행사내용]<br>교회가두에 누룩을 넣어 구운<br>두 덩어리의 빵으로써 제사장<br>이 흔들 흔들이라<br>[성경]<br>신16:10 / 레23:15~22 | [일시] 7월 1일<br>[의미]<br>[행사내용]<br>1.회중을 소집하여 진을 친형식<br>함께<br>2.기쁨의 날과 분별의 배재<br>나팔소리<br>[성경]<br>레16:30 / 레23:23~25 / 민29:1~6 | [일시] 7월 10일<br>[의미]<br>[행사내용]<br>피를 휘장 앞으로 가리고 등어<br>소의 번 앞과 위에 투입<br>[성경]<br>레16:30 / 레23:26~32 | [일시] 7월 15~22일<br>[의미] 조막절, 수장절<br>[행사내용]<br>나뭇가지 잎사 거주 함안후<br>8일동안 지킴<br>[성경]<br>출23:16 / 레23:33~44 / 신16:13 |
| **J.X구속사** | 그리스도의<br>십자가<br>요 1:29<br>요 19:32~36 | 그리스도의<br>무덤<br>마 12:38~40 | 그리스도의<br>부활<br>고전 15:20~<br>요 20:17 | 그리스도의<br>성령을 부어주심<br>행 2:1~4<br>욜 2:28 | 그리스도의<br>재림<br>마 24:30~31<br>고전 15:51<br>살전 4:16 | 그리스도의<br>나라를 바침<br>단 12:5~13<br>단 9:23~25<br>계 5:9~12 | 그리스도의<br>천년왕국<br>계 21:1~8<br>고후 5:1~4 |
| **성도의**<br>**심령에**<br>**나타날**<br>**복음사전** | 구 원<br>출 12:1~<br>벧전 1:2<br>계 1:5 | 성 화<br>자아의 파쇄<br>겉사람 처리<br>고전 5:7~11<br>요 6:34,52 | 영의부활<br>삶의 부활<br>최후의 부활<br>롬 8:11<br>요 5:24~30 | 성령의 세례<br>성령의 세례<br>부어주심<br>요 7:37 | 재림신앙<br>주님의 재림을<br>사모함<br>히 10:37 | 성도를<br>성결케함<br>흠도없이 티도없는<br>성결한 성도<br>계 15:2 | 하나님의<br>나라를 이룸<br>하나님의 나라를<br>먼저 누림 |

# 유월절

## 1. 구약 유대인

**성경읽기** 출애굽기 12:1-14

유월절은 구약시대의 모세로부터 처음 시작되었습니다. 하나님은 애굽 땅의 이스라엘 백성을 구원하시기 위해 수많은 재앙을 퍼부으십니다. 하지만 아홉 번째 재앙까지도 바로의 마음이 완고하여 이스라엘 백성을 보내줄 수 없다고 하자, 하나님은 마지막 열 번째 재앙을 대비하여, 모세에게 이스라엘 백성의 집집마다 흠 없는 어린 양을 한 마리씩 취하여 그 피를 좌우 문설주와 인방에 바르고 아침까지 집 문밖으로 나가지 말라고 하십니다. 그러면 그 밤에 죽음의 사자가 애굽 땅을 두루 다니며 사람이나 짐승을 막론하고 모든 처음 난 것을 칠 때, 양의 피가 칠해진 문은 넘어간다고 약속하십니다.

　이스라엘 백성은 하나님이 모세에게 명령하신 대로 어린 양을 준비합니다. 그리고 밤중에 죽음의 사자가 애굽 땅에서 모든 처음 난 것을 칠 때, 어린 양의 피가 문설주에 칠해지지 않은 집은 왕위에 앉은 바로의 장자부터 옥에 갇힌 사람의 장자와 가축의 처음 난 것까지 죽임을 당하지만, 어린 양의 피가 문설주에 칠해진 집은 죽음의 사자가 넘어갑니다. 결국 열 번째 재앙을 면

하지 못한 바로는 모세를 불러 이스라엘 백성을 풀어주고 이들은 430년 만에 출애굽 하게 됩니다.

### 유월절은 바로의 손에서 해방된 날

흠 없는 어린 양의 피를 통해 이스라엘 백성이 죽음의 사자로부터 구원받고, 바로의 손으로부터 해방된 것을 기념하는 절기가 '유월절(Feast of Passover)'입니다. 유월절은 히브리어 원어로 '지나가다, 뛰어넘다'라는 뜻의 동사에서 파생된 '페사흐'이며, 이것은 영어로 'Passover' 즉 '넘어가다'라는 의미를 가지고 있습니다. 즉 사람의 심판을 어린 양에게로 넘긴다는 뜻입니다. 하나님은 이스라엘 백성에게 자손 대대로 이 절기를 지키며 하나님의 구원을 기억하라고 명하십니다. (교사는 설교집 24쪽, '제사장의 안수기도'를 참고해 주세요.)


## 2. J.X 구속사

**성경읽기** 요한복음 1:29

유월절은 어린 양 되시는 예수님이 십자가에서 죽으신 것을 말하는 절기입니다. 예수님은 날짜와 시간도 틀리지 않으시고, 유월절 날 해 질 녘 십자가에서 못 박혀 죽으셨습니다. 구약시대에는 인간의 죄가 어린 양에게로 넘어갔지만, 신약시대에는 우리의 모든 죄가 예수님의 십자가로 넘어간 것입니다. 예수님은 이 땅에 내려오시기 전에 삼위일체 하나님과 회의를 하셨습니다. 이 세상에 사람으로 태어나서 십자가에서 피 흘려 죽을 테니까, 누구든지 그 피의 가치를 인정하고 그 도움을 받기를 요청하는 자마다 모든 죄를 사해줄 것을 약속받고 우리에게 오신 것입니다. 예수님은 날짜도 틀리지 않으시고 유월절 날 십자가에서 못 박혀 죽으셨습니다. 이것을 신학적으로 가리켜 '은혜의 언약(Covenant of Grace)'이라고 합니다. 예수님이 십자가에서 죽으심으로 유월절은 완성된 것입니다. (교사는 설교집 27쪽, '내 모든 죄 짐을 주께 넘기고 기쁨을 누리기'를 참고해 주세요.)

## 3. 성도의 심령

**성경읽기**  요한복음 3:16

성도의 심령에 나타나는 유월절의 역사는 구원입니다. 인간에게 최고의 축복은 구원입니다. 유월절의 첫 번째 단추를 잘 끼워야 뒤의 명절들이 임할 수 있습니다.

### 유월절은 사단의 손에서 해방된 날

이스라엘 백성이 400년 동안 애굽 땅에서 바로에게 종살이

한 것처럼, 이 땅에 태어난 모든 인간은 태어날 때부터 사단의 종으로 붙잡혀 삽니다(엡 2:1). 하지만 사람은 유월절이 임하기 전까지 이 사실을 전혀 모르고 살아가며, 오히려 그 사실을 알려 주는 사람에게 화를 냅니다. 오직 유월절이 임해야 사단에게서 풀려나고 구원의 역사가 일어납니다.

### ⇨ 유월절의 어린 양을 먹는 원리 (출 12:1-14)

구약시대의 첫 유월절을 보면, 하나님은 이스라엘 백성에게 유월절의 어린 양을 어떻게 먹어야 하는지 상세하게 가르쳐 주십니다. 여기에서 구원에 대한 몇 가지 중요한 특징을 찾아볼 수 있습니다.

### 1. 구원은 '출발'입니다(출 12:1-2).

유월절부터 해의 시작, 첫 달이 되게 하라는 것은 하나님은 사람이 예수님을 영접하고 구원받은 후부터 그 삶을 인정하신다는 것입니다. (교사는 설교집 35쪽, '생명책과 행위록'을 참고해 주세요.)

### 2. 구원은 '일대일'입니다(출 12:3).

하나님은 이스라엘 백성에게 어린 양을 먹되 각각 먹으라고 명하십니다. 이 말은 구원은 일대일이라는 것입니다. (교사는 설교집 36쪽, '구원은 각각'을 참고해 주세요.)

### 3. 구원은 '피'입니다(출 12:7).

유월절은 곧 피입니다. 하나님은 이스라엘 백성의 집집마다 어린 양을 취하여 그 피를 문의 좌우, 상하로 칠하라고 말씀하십니다. 예수님의 피는 세 가지 방향으로 역사하는 능력이 있습니다.

#### (1) 하나님의 공의에 대하여

죄성이 있는 인간은 공의의 하나님에게 나아갈 길이 없으며, 죄지은 사람은 무조건 하나님의 심판을 받게 됩니다. 그때 우리가 불러야 할 것은 예수님의 피입니다. 예수님의 피를 부르면, 그 피가 하나님의 공의를 잠재웁니다. (교사는 설교집 47쪽, '보험회사'를 참고해 주세요.)

#### (2) 인간의 양심에 대하여

인간은 양심이 있기 때문에 자기가 지은 죄를 압니다. 그런데 죄지은 인간은 자신의 양심을 달랠 방법이 없습니다. 그때 우리가 불러야 할 것은 예수님의 피입니다. 예수님의 피를 부르면, 그 피가 인간의 양심을 잠재웁니다. (교사는 설교집 38쪽, '2층 성전에서 기도하는 성도'를 참고해 주세요.)

#### (3) 사단의 참소에 대하여

사단은 우리를 참소하며 지은 죄가 계속 생각나게 합니다. '야, 너 죄 지었잖아.' '너 같은 애는 예배 드릴 자격이 없어. 양심이 있어야지, 그만 둬!' 그때 우리가 불러야 할 것은 예수님의 피입니다. '예수님의 피로 명하노니, 악한 사단아 떠나갈지어다!' 예수님의 피를 부르면, 그 피가 사단의 참소를 잠재웁니다. (교사는 설교집 43쪽, '노처녀 성도'를 참고해 주세요.)

### 4. 구원은 '지정의(생각, 감정, 의지)'로 받아들여야 합니다 (출 12:8-9).

하나님은 이스라엘 백성에게 유월절의 어린 양을 먹을 때, 어린 양을 세 가지로 나눠서 먹으라고 하십니다. 이것은 어린 양 되시는 예수님을 영접할 때, 우리의 '지정의(생각, 감정, 의지)'로 받아들이라는 것입니다. (교사는 설교집 48쪽, '유월절을 대하는 우리의 태도'를 참고해 주세요.)

(1) 머리: 예수님을 말씀으로 먹으라는 것입니다.
(2) 내장: 예수님을 감정으로 먹으라는 것입니다.
(3) 정강이: 예수님을 행함으로 먹으라는 것입니다.

### 5. 구원은 '성령'으로 받아들여야 합니다(출 12:10).

하나님은 이스라엘 백성에게 유월절의 어린양을 먹을 때 모든 부위를 구워 먹고 남은 것까지도 불사르라고 하십니다. 이 말은 성령으로 예수님을 받아들이라는 것입니다. (교사는 설교집 51쪽, '불에 구워 먹으라'를 참고해 주세요.)

## 6. 구원은 '지체'하면 안 됩니다(출 12:10-11).

하나님은 이스라엘 백성에게 유월절의 어린양을 먹을 때 허리에 띠를 띠고 발에 신을 신고 손에 지팡이를 잡고 급히 먹으라고 하십니다. 이것은 예수님에 대해 알아갈 때 올바른 자세로 근신하라는 것입니다. 급히 먹으라는 것은 예수님에 대한 말씀이 강대상에서 떨어질 때, 바로 입에서 아멘으로 받아 먹으라는 것입니다. 또 아침까지 남겨두지 말라는 것은 내일로 미루지 말라는 것입니다. (교사는 설교집 50쪽, '급히 먹으라'를 참고해 주세요.)

### ⇨ 유월절이 임한 사람에게 나타나는 현상

**성경읽기** 요한복음 6:53

출애굽기 12장의 어린 양을 먹는 원리를 신약적 개념으로 해석해 놓은 것이 요한복음 6장 53절입니다. 예수님의 살과 피를 먹지 않으면, 구원을 받을 수 없습니다. 예수님의 살과 피를 먹는다는 것은 성찬식 때 떡과 포도주를 먹는다는 것이 아니라, 십자가의 의미를 인정하고 믿고 받아들인다는 것입니다. 예수님의 피를 마신 사람에게 대표적으로 일어나는 현상은 최소한 한 번 정도는 구속의 눈물을 흘린다는 것입니다.

# 돌다리 밑 어머니의 사랑

북한의 남침으로 6.25전쟁이 발발했을 때, 우리나라에는 많은 피난민들이 생겼습니다. 그중, 강원도 산골짜기에서 어느 만삭의 여인은 남편과 생 이별을 하고 피난을 가고 있었습니다. 추운 강원도의 겨울날, 결국 만삭의 여인은 북한 인민군을 피해 돌다리 밑에 아이를 낳고, 자신의 옷을 벗어서 아이를 싸매고, 아이를 안은 채 죽습니다. 얼마 있지 않아, 미국에서 온 어느 선교사가 그 돌다리를 지나는데, 이상한 울음소리를 따라가 보니, 얼어 죽은 엄마의 품에 갓난아기가 울고 있는 것입니다. 아이를 보고 마음에 긍휼이 생긴 선교사는 꽁꽁 얼어버린 여인을 근처 산에 묻어주고, 그녀의 아이를 데리고 미국으로 돌아가, 자신의 양딸로 보살펴 키웁니다. 그렇게 15년이 지난 후, 하루는 그 딸이 아버지 선교사에게 묻습니다. '아빠, 왜 아빠와 엄마의 눈은 파란데, 내 눈은 검나요?' 이에 아버지 선교사님이 대답합니다. '그래, 이제는 네가 나이가 되었으니, 너의 진짜 부모를 만나게 해주마.' 선교사는 딸을 데리고 비행기를 타서 한국으로 돌아와, 강원도 산골짜기에 위치한 어느 무덤 앞으로 데려갑니다. 그리고 딸에게 이렇게 말해 줍니다. '딸아, 사실 너의 어머니는 전쟁의 피난길에서 너를 낳고 지키기 위해, 그 추운 겨울날, 저 돌다리 밑에서 자신의 옷 가죽을 벗으면서까지 너를 따뜻하게 품에 안은 채 죽으셨단다.' 이에 딸은 통곡하면서 자신의 겉옷을 벗어 어머니의 무덤에 덮어드리고, 그 무덤을 감싸 안으며 이렇게 고백합니다. '어머니, 그때 얼마나 추우셨나요. 감사합니다.'

십자가를 바라볼 때 가슴이 뜨거워지지 않는다면, 그것은 아직까지 여러분이 예수님의 십자가를 모른다는 것입니다. 예수님은 여러분을 십자가에서 못 박혀 죽기까지 사랑하셔서 창조주 되시는 하나님이 이 땅에 유월절의 어린 양으로 오신 것입니다. 그 사랑을 아는 사람은 적어도 한 번쯤은 구속의 눈물을 흘리게 됩니다.

### ⇨ 유월절이 임하는 방법

**성경읽기** 요일 1:9

유월절이 임하기 위해서는 어린 양 되시는 예수님의 피를 입으로 불러야 합니다. 이것을 짧게 줄인 말이 '주여'입니다. 주여를 입으로 부를 때, 그 안에 내포된 의미는 이것입니다. '주님, 제가 죄를 지었습니다. 어린 양 되시는 예수님의 피로 이 죄를 용서해 주세요. 저에게서 예수님 쪽으로 옮겨 주세요.' 이 말 한 마디로 나의 죄가 예수님 쪽으로 넘어갑니다. 이것은 죄뿐만 아니라, 질병, 가난, 저주, 걱정근심, 가정의 문제, 자녀의 문제, 사업의 문제, 부정적인 생각 등 인생의 포괄적인 문제 전체를 예수님 쪽으로 넘기는 것입니다. 그런데 사람들은 주여라는 말 한 마디를 부르기 싫어합니다. 자기 자존심 때문에 또는 옆 사람 때문에 주저합니다. 그래서 어떤 신학자는 '하나님이 죄 용서함을 받는 방법을 너무 쉽게 만들어서 오히려 사람들이 하나님의 방법을 무시한다'라고까지 말했습니다. 사람이 지옥에 가는 것은 죄가 많아서가 아니라 고집이 많기 때문입니다. (교사는 설교집 48쪽, '어머니가 남겨둔 보험금'을 참고해 주세요.)

**성경읽기** 고린도전서 12:3

결국 성령이 아니고서는 주여를 부를 수 없습니다. 주여를 부른다는 것은 사람의 실력이 아닌 그 속에 성령님이 들어와 밀어내는 것입니다. 처음에는 나의 의지로 주여를 부르지만, 성령님이 역사하시면 내 속에서 주여가 봇물 터지듯이 나오기 시작합니다. 그래서 우리는 성령님을 의지해야 합니다.

**선포하기** 오직 예수님의 피가 우리 속에 들어와야만 유월절이 임할 수 있습니다. 다 같이 큰 목소리로 세 번 외쳐보겠습니다. **"예수의 피!"**
(교사는 모든 성도들이 큰 목소리로 삼창을 할 수 있도록 지도해 주세요.)

# 유월절

## Ⅰ. 구약 유대인

1. 유월절은 무엇을 기념하는 절기인가요?

   '유월절(Feast of Passover)'은 흠 없는 어린 양의 피를 통해 이스라엘 백성이 죽음의 사자로부터 구원받고, 바로의 손으로부터 해방된 것을 기념하는 절기입니다.

2. 유월절은 히브리어로 무슨 뜻인가요?

   유월절은 히브리어 원어로 '지나가다, 뛰어넘다, 넘어가다' 라는 뜻입니다.

## Ⅱ. J.X 구속사

3. 예수 그리스도의 구속사에서 유월절은 무엇인가요?

   유월절은 어린 양 되시는 예수님이 십자가에서 죽는 것을 말하는 절기입니다.

## III. 성도의 심령

4. 성도의 심령에 나타나는 유월절의 역사는 무엇인가요?
   구원입니다.

5. 유월절의 어린 양 되시는 예수님의 피가 역사하는 3대 방향
   은 무엇인가요?
   하나님의 공의에 대하여, 인간의 양심에 대하여, 사단의 참
   소에 대하여 역사합니다.

6. 예수님의 살과 피를 먹는 것은 무슨 뜻인가요?
   예수님의 살과 피를 먹는다는 것은 성찬식 때 떡과 포도주
   를 먹는다는 뜻이 아니라, 십자가의 의미를 인정하고 믿고
   받아들인다는 것입니다.

7. 예수님의 살과 피를 먹은 사람에게는 어떤 현상이 나타나나요?
   예수님의 살과 피를 먹은 사람은 공통적으로 최소한 한 번
   정도는 구속의 눈물을 흘립니다. 사람이 매일 울고 다니는
   것은 문제가 있지만, 예수님의 피가 사람의 가슴을 적실 때
   한 번 정도는 눈에서 구속의 눈물이 나야 합니다.

8. 예수님의 피가 가슴속에 임하기 위해서는 입으로 무엇을 불
   러야 하나요?

유월절이 임하기 위해서는 어린 양 되시는 예수님의 피를 입으로 불러야 합니다. 이것을 짧게 줄인 말이 '주여'입니다. 주여를 입으로 부를 때, 그 안에 내포된 의미는 이것입니다. '주님, 제가 죄를 지었습니다. 어린 양 되시는 예수님의 피로 이 죄를 용서해 주세요. 저에게서 예수님 쪽으로 옮겨 주세요.' 이 말 한 마디로 나의 죄가 예수님 쪽으로 넘어갑니다.

**나눔질문**

**Q. 유월절의 핵심은 피입니다. 여러분은 유월절의 어린 양 되시는 예수님의 피의 3대 효력을 의지하고 있나요?**

(교사는 예수님의 피가 역사하는 3대 방향을 다시한번 설명해 주고, 성도들이 어려움을 겪고 있는 부분이 무엇인지 발견하도록 도와주고, 예수님의 피를 믿음으로 고백해야 구원받고 죄를 이길 수 있다는 것을 분명하게 가르쳐 주세요.)

예수님의 피는 세 가지 방향으로 역사하는 능력이 있습니다.

1. 하나님의 공의에 대하여: 교사는 자신의 죄로 인해 하나님 앞에 나아가기를 두려워하고 있는 성도가 있는지 확인해 주세요.

2. 인간의 양심에 대하여: 교사는 자신의 죄로 인해 죄책감에 사로잡힌 성도가 있는지 확인해 주세요.
3. 사단의 참소에 대하여: 교사는 자신의 죄로 인해 어두운 생각에 붙잡힌 성도가 있는지 확인해 주세요.

이 세 가지 효과를 누리려면, 예수님의 피를 사실로 받아들이고 믿음으로 선포해야 합니다. "예수님의 피로 명하노니, 악한 사단아 떠나갈지어다!" 느낌이 온 뒤에 사실을 인정하는 것이 아니라, 사실을 받아들인 후에 느낌이 뒤따라오는 것입니다. 예수님의 피는 죄에만 적용되는 것이 아니라, 삶의 모든 분야에 적용됩니다. 사업이 잘 안 될 때도, 자녀들이 속을 썩일 때도 예수님의 피를 동원해야 합니다. 우리는 모든 삶 속에 예수님의 피를 불러서 그 혜택을 백분 활용해야 합니다.

**찬송하기** 보혈을 지나
**기도하기** 주님, 예수님의 피를 사실로 받아들이고 믿음으로 선포하겠습니다, 예수님의 피를 내 삶 전체에 적용시키겠습니다, 이제 예수님의 피를 의지하여 유월절 속으로 들어가게 하여 주시옵소서 (주여 삼창 부르짖고 통성으로 기도합니다)

# 무교절

찬송하기 겟세마네 동산에서
기도하기 주님, 무교절이 우리의 심령 속에 임하게 하옵소서 (주여 삼창 부르짖고 통성으로 기도합니다)

도표참조 <7대 명절로 나타난 그리스도> 도표를 펴 봅시다. (교재 뒷장에 도표를 참조하세요.)
복습하기 '1과 유월절'을 함께 복습해 봅시다.

## 題目:七대 명절로 나타난 그리스도

[본문: 히 브 리 서 10장 1절] 1. 율법(구약)은 장차 오는 좋은 일의 그림자요 참형상이 아니므로 해마다 늘 드리는바 같은 제사로는 나아오는 자들을 언제든지 온전케 할 수 없느니라
[본문: 고린도전서 5장 6~8절] 6. 너희의 자랑하는 것이 옳지 아니하도다 적은 누룩이 온 덩어리에 퍼지는 것을 알지 못하느냐
7. 너희는 누룩 없는 자인데 새 덩어리가 되기 위하여 묵은 누룩을 내어버리라 우리의 유월절 양 곧 그리스도께서 희생이 되셨느니라
8. 이러므로 우리가 명절을 지키되 묵은 누룩과 괴악하고 악독한 누룩을 말고 오직 순전함과 진실함의 누룩 없는 떡으로 하자

| | 유월절 | 무교절 | 초실절 | 오순절 | 나팔절 | 속죄절 | 장막절 |
|---|---|---|---|---|---|---|---|
| | πασχα 파스카 פסח 페사흐 | αζυμος 아찌모스 מצות 미조트 | αρχη θερισμου 아르케이 데리스무 שמר ראשית 오메르 레이쉬트 | πεντηκοστη 펜테코스테 שבעות 사보모트 | ο πρωτος του ετου 호 프로토스 투 에투 ראש השנה 로쉬하시나 | ημερα εξιλασμου 헤메라이 엑시라스무 יום כפור 욤 키프로 | σκηνη 스케네 סכות 수코트 |
| <구약> 유대인 | (일시): 1월 14 / (양식): 과월절 / (행사상): 1. 어린양의 죽음 2. 우슬초로 문 인방과 좌우 설주에 피를 바름 / 출25:4~5 / 고행5:7~8 / 레16:1,5~6 / 출12:6,13,21~26 | (일시): 1월 15~22 / (양식): / (행사상): 무교병 / 온 나흘과 이레동안 누룩 없는 떡을 먹음 / 레16:1~ / 고전5:8 / 민9:2 / 레23:6~8 | (일시): 유월절 안식일 다음날 / (양식): / (행사상): 첫열매의 단을 제사장 앞에서 흔들어 올리므로 추수 거두 / 출23:19 / 레23:9~14 | (일시): 3월 6일 / (양식): 칠칠절, 맥추절 / (행사상): 고운 가루에 누룩을 넣어 구운 두 덩어리의 떡으로서 제사장이 여호와 앞에 흔들어 제사 / 레16:10 / 레23:15~22 | (일시): 7월 1일 / (양식): / (행사상): 1. 화중을 소집하며 은을 진행케함 2. 기쁨의 날과 거룩한 회게 나팔을 붊 / 민29:1~6 / 레23:23~25 / 민29:1~6 | (일시): 7월 10일 / (양식): / (행사상): 속죄 휘장 안으로 가지고 들어가 희생 피를 뿌려 화중을 위해 속죄함 / 레16:30 / 레23:26~32 | (일시): 7월 15~22일 / (양식): 초막절, 수장절 / (행사상): 장막에 거하며 포도를 거두어 들이는 즐거움의 명절 / 출23:16 / 레23:33~44 / 신16:13 |
| J.X구속사 | 그리스도의 십자가 / 요 1:29 / 요 19:32~36 | 그리스도의 무덤 / 마 12:38~40 | 그리스도의 부활 / 고전 15:20~ / 요 20:17 | 성령을 부어주심 / 행 2:1~4 / 욜 2:28 | 그리스도의 재림 / 마 24:30~31 / 고전 15:51 / 살전 4:16 | 그리스도의 나라를 바침 / 단 12:5~13 / 왕 9:23~25 / 계 5:9~12 | 그리스도의 천년왕국 / 계 21:1~8 / 고후 5:1~4 |
| 성도의 심령에 나타날 복음사건 | 구 원 / 출 12:1~ / 벧전 1:2 / 계 1:5 | 성 화 / 자아의 파쇄 겉사람 처리 / 고전 5:7~11 / 요 6:34,52 | 영의부활 / 삶의 부활 최후의 부활 / 롬 8:11 / 요 5:24~30 | 성령의 세례 / 성령의 세례 부어주심 / 요 7:37 | 재림신앙 / 주님의 재림을 사모함 / 히 10:37 | 성도를 성결케함 / 흠도일이 티도일는 성결할 성도 / 계 15:2 | 하나님의 나라를 이룸 / 하나님의 나라를 먼저 누림 |

# 무교절

## 1. 구약 유대인

**성경읽기** 출애굽기 13:1-10

무교절은 구약시대의 모세로부터 처음 시작되었습니다. 출애굽을 위해 하나님은 모세에게 이스라엘 백성의 집집마다 어린 양을 취하여 그 피를 문설주에 칠하여 유월절을 지키라고 말씀하십니다. 이때 칠 일 동안 무교병을 만들어 먹으라고 하십니다. 무교병은 히브리어 원어로 '맛차' 즉 누룩이 없는 떡을 의미합니다. 반죽을 부풀리는 누룩을 넣지 않은 넓적하고 얇은 빵입니다. 유월절이 끝난 직후, 무교병을 7일간 먹으며 출애굽을 기념하는 절기가 '무교절(Feast of Unleavened Bread)'입니다.

### 구약 유대인들의 무교절

이스라엘 백성은 무교절을 준비하기 위해 약 일곱 가지 곡식을 다양하게 재배했습니다. 이때 모든 곡식은 유기농이어야 하며, 곡식밭으로부터 동서남북의 2,000 규빗에 해당되는 토지도 전부 유기농 곡식이어야 했습니다. 이것은 유기농이 아닌 곡식들이 바람에 날려 유기농 곡식들과 섞이지 않게 하기 위함입니다. 이렇게 정성스럽게 재배한 곡식은 가루로 빻아져서 보자기에 싸여 땅속에 3일 동안 묻혀 정화되었습니다. 3일이 지난 후에, 땅속의 보자기를 꺼내 그 가루로 무교병 떡을 만들어 먹었습니다.

## 2. J.X 구속사

성경읽기 마태복음 12:38-40

무교절은 예수님의 무덤입니다. 예수님은 날짜도 틀리지 않으시고, 유월절 날 십자가에서 죽으시고, 3일 동안 무덤 속에 계셨습니다. 예수님은 원래부터 흠도 점도 없으시지만, 무덤 속에 들어가셔서 더할 나위 없이 정화되어 무교병으로 나오셨습니다. 이것을 설명하시기 위해 예수님은 요나의 표적을 언급하십니다. (교사는 설교집 13쪽, '요나의 표적'을 참고해 주세요.)

## 3. 성도의 심령

성경읽기 에스겔 37:1-13

성도의 심령에 나타나는 무교절의 역사는 성화(무덤)입니다. 이스라엘 백성도 집단 무교절에 들어간 것처럼, 오늘날도 하나님은 구원받은 성도를 성화시키기 위해 무덤 속에 집어넣으십니다. 이때 하나님이 사람마다 준비해 놓으신 무덤의 종류는 다양합니다. 물질의 무덤, 질병의 무덤, 자녀의 무덤, 환경의 무덤, 사람 관계의 무덤 등 전부 다릅니다. 또 사람마다 무덤 속에 있는 기간도 전부 다릅니다. (교사는 설교집 59쪽, '사람마다 다른 무교절의 길이'를 참고해 주세요.)

## ⇨ 무덤의 이유는 '선악과'

성경읽기 고린도후서 4:11

하나님이 유월절을 통해 구원받은 성도에게 바로 초실절의 부활을 주지 않으시고, 무교절의 무덤 속에 넣으시는 이유는 선악과를 처리해야 하기 때문입니다. 많은 사람들은 선악과가 사과나무였는지 감나무였는지 나무의 종류를 궁금해합니다. 선악과가 나무 열매인 것은 사실이지만, 이상의 본질적 의미를 가지고 있습니다. 바로 하나님의 '뜻'입니다. 선악과를 먹는다는 것은 하나님의 뜻 외에 자신의 뜻을 가지겠다는 것입니다. 성경은 이것을 가리켜 '산 자'라고 합니다(고후 4:11). 살아서는 안 되는 것이 살았다는 것입니다. (교사는 설교집 67쪽, '무교절이라는 무덤이 이 땅에 생긴 이유'를 참고해 주세요.)

## 왜 하나님은 혼자 다 가지려고 하시나요?

하나님은 혼자 다 군림하려고 우리에게 선악과의 반납을 요구하시는 것이 아닙니다. 하나님에게 한 번도 죄짓지 않고 수종드는 천사들의 수만 천천이요 만만입니다. 반면에 우리에게는 죄의 냄새가 펄펄 납니다. 그럼에도 불구하고, 우리에게 선악과를 반납하라고 요구하시는 이유는 사람이 자신의 독립된 뜻을 그대로 가지고 있으면, 그는 기필코 사단의 장난감이 되어 버리기 때문입니다. 사단은 아무 데나 붙지 않습니다. 사단은 독립된 뜻에 붙습니다. 독립된 자아는 사단의 합법적인 서식지이기 때문입니다. 독립된 뜻을 가지고 있으면 즉시 사단의 밥이 됩니다. 사단은 사람에게 늘 '네 뜻을 가질 수 있어'라며 자아를 사랑하고 실현하라고 속삭입니다. 그러고서는 자기 마음대로 사람을 끌고 다닙니다.

## ⇨ 선악과의 반대말은 '십자가'

**성경읽기** 마태복음 26:36-46

선악과의 대칭은 십자가입니다. 사단을 이기는 방법은 먹은 선악과를 하나님께 반납하는 것밖에 없습니다. 그 즉시 사단은 떠납니다. 사단은 사람에게 늘 '네 뜻을 가질 수 있어'라며 자아를 사랑하고 실현하라고 속삭이지만, 예수님은 자아를 죽여야 생명을 얻는다고 말씀하십니다(요 12:25).

## 선악과를 반납하러 오신 예수님

완전한 하나님과 동시에 완전한 인간으로 오신 예수님에게 십자가 사건은 결코 쉬운 순종이 아니었습니다. 하지만 하나님은 '네가 죽지 않으면 구약의 예언이 다 무너진다. 네가 죽지 않으면 인류의 죄 사함이 있을 수 없다. 그래서 죽어야 한다.'라고 말씀하십니다. 이에 예수님은 이마에 땀방울이 핏방울이 되도록 기도하시면서(눅 22:44), 자신의 뜻을 하나님의 뜻 앞에 죽이십니다. 그 고백이 '나의 원대로 마옵시고 아버지의 원대로 하옵소서'(마 26:39)입니다. 이로써 예수님은 십자가에서 아담 이후의 모든 인류의 독립된 뜻, 의지, 견해를 하나님의 뜻 앞에 반납하셨습니다. (교사는 설교집 68쪽, '한 알의 밀', 설교집 80쪽, '향유 옥합'을 참고해 주세요.)

## 성경에서 무교절을 가장 빨리 통과한 사람

1. **이삭**(창 22:1-19): 이삭은 아버지 아브라함의 말에 순종하여 모리아 산에서 한 번 누웠다 일어난 것으로 단숨에 무교절을 통과했습니다. 하지만 이것은 결코 쉬운 순종이 아니었습니다. '아버지, 제 생명을 원하신다면 가져가세요.'라고 모리아 제단에 누운다는 것은 자신의 모든 생명을 포기했다는 것입니다. 이삭은 예수님이 십자가에서 죽

으시는 모습을 완벽하게 그려낸 인물입니다. (교사는 설교집 64쪽, '이삭과 모리아 산'을 참고해 주세요.)

2. **다윗**(삼상 24:1-22): 다윗은 원래 선지자 사무엘로부터 기름 부음을 받은 순간, 왕의 씨가 그 속에 들어간 것이었습니다. 하지만 현실에서는 아직 왕이 아니었습니다. 여러분 속에도 부활의 씨가 있지만, 아직 현실에서 나타나지 않은 이유는 무교절이 통과되지 않았기 때문입니다. 다윗은 자신을 억울하게 죽이려는 사울 왕을 엔게디 굴에서 죽일 수 있는 절호의 기회가 생겼을 때, 사울을 죽이지 않았습니다. 사울을 죽이면 자신은 살 수 있고 모든 고난이 단번에 끝날 수 있지만, 다윗은 엔게디 굴속에서 자신의 뜻을 하나님 앞에 죽이기로 결정합니다. 그 순간, 다윗의 무교절은 끝났습니다. 그리고 하나님은 곧바로 다윗을 헤브론의 왕으로 만드시고, 7년 후에는 이스라엘의 정식 왕으로 세우십니다. 다윗은 엔게디 굴에서 자신의 독립된 뜻을 내려놓음으로써, 단번에 무교절을 통과하고 초실절을 맛보게 된 것입니다. (교사는 설교집 64쪽, '다윗과 엔게디 굴'을 참고해 주세요.)

⇨ **선악과를 반납하는 방법**
선악과를 반납하기 위해서는 3가지 순종을 반드시 통과해야 합니다.

1. **주일성수**: 주일은 하나님과 사람의 뜻이 가장 크게 충돌하는 날입니다. 사람의 뜻은 여행, 야구 경기, 영화관, 놀이동산 등에 가는 것이지만, 하나님의 뜻은 예배입니다. (교사는 설교집 83쪽, '선악과를 토해냈다는 세 가지 표식'을 참고해 주세요.)

2. **십일조**: 십일조는 물질의 선악과입니다. 하나님이 돈이 없으셔서 십일조를 걷으시는 것이 아닙니다. 하나님은 우주 전체의 주인이십니다. 그런데 왜 사람에게 십일조를 요구하실까요? 뜻을 반납하게 하기 위함입니다. 십일조로 독립된 뜻을 하나님에게 넘기는 것입니다. 십일조를 하지 않는 사람은 절대로 무교절에서 나올 수가 없습니다. (교사는 설교집 84쪽, '할아버지와 새우깡'을 참고해 주세요.)

3. **영적 멘토(목사님)**: 누구든지 하나님 앞에는 자신의 뜻을 내려놓겠다고 말합니다. 하나님의 뜻은 추상적이기 때문입니다. 하지만 하나님의 뜻 앞에 나의 뜻을 진정 내려놓기를 원하는 사람은 하나님이 세우신 영적 멘토 앞에 내려놓아야 합니다. 목자 앞에 자신의 뜻을 내려놓지 않는 사람은 절대 하나님 앞에 내려놓지 않습니다. 결국 모든 신앙생활의 끝은 십자가에서 나 자신을 내려놓는 것인데,

이것은 하나님 앞에만 내려놓는 것이 아니라 영적 멘토 앞에 내려놓는 것입니다. 이것이 선악과를 반납하는 가장 중요한 순종입니다. (교사는 설교집 85쪽, '주의 종의 견해 안으로'를 참고해 주세요.)

### 선악과를 토해내는 방법, '아멘'

독립된 자아를 파쇄하는 시작은 목사님의 설교를 들을 때 가만히 있는 것이 아니라, '아멘'이라고 고백하는 것입니다 (고후 1:20). 아멘은 히브리어로 '참으로 그러하다'라는 의미로, 내 뜻이 아니라 하나님의 뜻대로 살겠다는 고백입니다. 목사님의 설교가 마음에 들면 아멘을 하고, 마음에 들지 않으면 아멘을 하지 않는 사람은 아직도 자아가 싱싱하게 살아있다는 것입니다. 이런 사람에게는 성령님이 역사할 수 없습니다. 하지만 목사님의 책망이 떨어져도 아멘으로 화답하는 사람은 독립된 자아가 무너지고 부활의 역사가 시작됩니다.

결국 성령이 아니고서는 선악과를 반납할 수 없습니다. 사람의 뜻, 의지, 견해는 사람의 존재 그 자체이기 때문에 사람이 자신의 자아를 죽음에 넘기는 것은 그야말로 죽음입니다. 박탈감

뿐만 아니라 존재 자체가 없어지는 것 같이 느껴집니다. 자아를 누를수록 마치 스프링처럼 더 튀어 올라옵니다. 우리가 참는다고 죽는 것이 아니라, 성령님이 죽여주시기 때문에 죽는 것입니다. 그래서 성령님을 의지해야 합니다.

**선포하기** 오직 선악과를 반납해야 무교절의 무덤에서 나올 수 있습니다. 다 같이 큰 목소리로 세 번 외쳐보겠습니다. **"반납하자!"**

(교사는 모든 성도들이 큰 목소리로 삼창을 할 수 있도록 지도해 주세요.)

복습질문

# 무교절

## I. 구약 유대인

1. 무교절은 무엇을 기념하는 절기인가요?

   '무교절(Feast of Unleavened Bread)'은 유월절이 끝난 직후 무교병을 7일간 먹으며 출애굽을 기념하는 절기입니다.

## II. J.X 구속사

2. 예수 그리스도의 구속사에서 무교절은 무엇인가요?

   무교절은 예수님의 무덤입니다. 예수님은 날짜도 틀리지 않으시고, 유월절 날 십자가에서 죽으시고, 3일 동안 무덤 속에 계셨습니다.

## III. 성도의 심령

3. 성도의 심령에 나타나는 무교절의 역사는 무엇인가요?

   성화(무덤)입니다. 이때 하나님이 사람마다 준비해 놓으신 무덤의 종류는 다양합니다. 물질의 무덤, 질병의 무덤, 자녀의 무덤, 환경의 무덤, 사람관계의 무덤 등 전부 다릅니다. 또 사람마다 무덤속에 있는 기간도 전부 다릅니다.

4. 하나님은 왜 구원받은 성도를 무덤속에 넣으시나요?

   하나님이 유월절을 통해 구원받은 성도에게 바로 초실절의 부활을 주시지 않으시고, 무교절의 무덤속에 넣으시는 이유는 선악과를 처리해야 하기 때문입니다.

5. 선악과의 정체는 무엇인가요?

   선악과는 하나님의 '뜻'입니다. 선악과를 먹는다는 것은 하나님의 뜻 외에 자신의 뜻을 가지겠다는 것입니다.

6. 선악과의 반대말은 무엇인가요?

   선악과의 반대말은 십자가입니다. 사단을 이기는 방법은 먹은 선악과를 하나님께 반납하는 것밖에 없습니다.

7. 예수님이 선악과를 반납하실 때 말씀하신 고백이 무엇인가요?

   '나의 원대로 마옵시고 아버지의 원대로 하옵소서'(마

26:39)입니다. 완전한 하나님과 동시에 완전한 인간으로 오신 예수님에게 십자가 사건은 결코 쉬운 순종이 아니었습니다. 하지만 예수님은 자신의 뜻을 하나님의 뜻 앞에 죽이십니다.

8. 선악과를 반납하기 위한 세 가지 순종은 무엇인가요?

주일성수, 십일조, 영적 멘토(목사님)에게 순종하는 것입니다.

9. 영적 멘토에게 순종하기 위해서는 입에서 어떤 고백이 나와야 할까요?

'아멘'입니다. 아멘은 히브리어로 '참으로 그러하다'라는 의미로, 내 뜻이 아니라 하나님의 뜻대로 살겠다는 고백입니다. 목사님의 책망이 떨어져도 아멘으로 화답하는 사람은 독립된 자아가 무너지고 부활의 역사가 시작됩니다.

**Q. 여러분의 선악과는 무엇인가요?**
**여러분은 자신이 무엇에 대하여 죽어야 하는지 알고 있나요?**

(교사는 성도들에게 각자의 선악과를 잡아내는 원리를 가르쳐 주세요.)

선악과는 하나님으로부터 독립된 뜻, 견해, 의지입니다. 무엇이 나의 선악과인지 모르는 사람은 자신이 시험에 드는 순간을 생각하면 됩니다. 설교를 듣다가 속에서부터 불편한 감정이나 화가 난다면, 그 부분이 자신의 선악과입니다. 사람이 시험에 들 때는 틀림없이 이유가 있습니다. 그때 우리는 '아, 이것을 하나님이 죽이시려는구나'라고 받아들이고, 그 부분에 대하여 자신의 생각을 죽여야 합니다.

예시1 : '저는 남이 저를 무시할 때 화가 올라옵니다.'
예시2 : '저는 권위자와의 관계 안에서 어려움이 있습니다.'
예시3 : '저는 이성/물질/세상 가치관으로 인해 낙심합니다.'

## Q. 여러분의 선악과를 찾았다면, 이것에 대하여 어떻게 죽어야 할까요?

(교사는 성도들에게 각자의 선악과에 대하여 어떻게 죽어야 하는지 가르쳐 주세요.)

보통 무교절이 통과되지 않은 사람은, 주위에서 일어나는 일에 대하여 정의감으로 반응합니다. 하지만 선악과는 죽음으로 반납해야 합니다. 아무리 피가 거꾸로 솟고, 기절초풍할 것 같은 일이 생겨도, 모든 것을 하나님에게 맡기고 예수로 반응해야 합니다. 이래야 무교절의 무덤에서 빨리 나올 수 있습니다. 아직까지 사람들과 충돌하고 열이 받는 이유는 나의 의지가 살아있기 때문입니다.

찬송하기 열려라 에바다
기도하기 주님, 선악과를 토해 내겠습니다, 나의 뜻, 의지, 견해를 내가 가지고 살지 않겠습니다, 주님께 예속시키겠습니다, 무덤이 열리고 초실절의 영광으로 들어가게 하시옵소서 (주여 삼창 부르짖고 통성으로 기도합니다)

# 초실절

찬송하기 589장 넓은 들에 익은 곡식
기도하기 주님, 초실절이 우리의 심령 속에 임하게 하옵소서 (주여 삼창 부르짖고 통성으로 기도합니다)

도표참조 <7대 명절로 나타난 그리스도> 도표를 펴 봅시다. (교재 뒷장에 도표를 참조하세요.)
복습하기 '2과 무교절'을 함께 복습해 봅시다.

## 題目:七대 명절로 나타난 그리스도

[본문 : 히 브 리 서 10장 1절] 1. 율법(구약)은 장차 오는 좋은 일의 그림자요 참형상이 아니므로 해마다 늘 드리는바 같은 제사로는 나아오는 자들을 언제든지 온전케 할 수 없느니라
[본문 : 고린도전서 5장 6-8절] 6. 너희의 자랑하는 것이 옳지 아니하도다 적은 누룩이 온 덩어리에 퍼지는 것을 알지 못하느냐
7. 너희는 누룩 없는 자인데 새 덩어리가 되기 위하여 묵은 누룩을 내어버리라 우리의 유월절 양 곧 그리스도께서 희생이 되셨느니라
8. 이러므로 우리가 명절을 지키되 묵은 누룩도 말고 괴악하고 악독한 누룩으로 말고 오직 순전함과 진실함의 누룩 없는 떡으로 하자

| | 유월절 | 무교절 | 초실절 | 오순절 | 나팔절 | 속죄절 | 장막절 |
|---|---|---|---|---|---|---|---|
| | πασχα 파스카 / פסח 페사흐 | αζυμος 아쥐모스 / מצות 마쯔트 | αρχη θερισμου 아르케이 데리스무 / עמר ראשית 오메르 레이쉬트 | πεντηκοστη 펜테코스테 / שבעות 샤부오트 | ο φωτος του ετου 호 프로토스 투 에투 / ראש השנה 로쉬하샤나 | ημερα εξιλασμου 헤메라 엑시라스무 / יום כפור 욤 키푸르 | σκηνη 스케네 / סכות 수코트 |
| (구약)<br>유대인 | (일시) 1월 14<br>(명칭) 과월절<br>(행사내용)<br>1.어린양의 죽음<br>2.유송호로 문 인방과<br>좌우 설주에 피칠함<br>(성경)<br>레23:4~5 / 고전5:7~8<br>신16:1,5~6 / 출12:6,13,21~28 | (일시) 1월 15~22<br>(명칭) 과월절<br>(행사내용)<br>무교병 곧 고난의 떡을<br>먹으며 아들의 규례 적용<br>(성경)<br>신16:3 / 고전5:8 / 행12,17,13,7<br>레23:6~8 | (일시) 유월절 안식일 다음날<br>(명칭)<br>(행사내용)<br>첫번째의 단을 거두어 여호와<br>앞 영어리의 곡식을 제사장에게<br>제사장에게 가져감<br>(성경)<br>출23:19 / 레23:15~22 | (일시) 3월 6일<br>(명칭) 칠칠절, 맥추절<br>(행사내용)<br>곡식가루에 누룩을 섞어 구운<br>두 덩어리의 떡으로써 제사장이<br>이들을 흔들어느라...<br>(성경)<br>출16:10 / 레23:15~22 | (일시) 7월 1일<br>(명칭)<br>(행사내용)<br>1.죄우용 소집하며 흔을 전혀 불며<br>발하며<br>2.기쁨의 날과 전쟁의 해를<br>나팔을음<br>(성경)<br>민10:2 / 레23:23~25 / 신16:1~6<br>레25:9 | (일시) 7월 10일<br>(명칭)<br>(행사내용)<br>죄를 위한 안으로 가지고 들어가서<br>속죄소 앞과 위에 뿌림<br>(성경)<br>레16:30 / 레23:26~32 | (일시) 7월 15~22일<br>(명칭) 초막절, 수장절<br>(행사내용)<br>숙식에 모든을 여에서 들어<br>8일돈안 지킴<br>(성경)<br>레23:16 / 레23:33~44 / 신16:13 |
| J.X구속사 | 그리스도의<br>십자가<br>요 1:29<br>요 19:32~36 | 그리스도의<br>무덤<br>마 12:38~40 | 그리스도의<br>부활<br>고전 15:20~<br>요 20:17 | 그리스도의<br>성령을 부어주심<br>행 2:1~4<br>욜 2:28 | 그리스도의<br>재림<br>마 24:30~31<br>고전 15:51<br>살전 4:16 | 그리스도의<br>나라를 바침<br>단 12:5~13<br>단 9:23~25<br>계 5:9~12 | 그리스도의<br>천년왕국<br>계 21:1~8<br>고후 5:1~4 |
| 성도의<br>심령에<br>나타날<br>복음사건 | 구 원<br>출 12:1~<br>벧전 1:2<br>계 1:5 | 성 화<br>자아의 파쇄<br>겉사람 처리<br>고전 5:7~11<br>록 6:34,52 | 영의부활<br>삶의 부활<br>최후의 부활<br>롬 8:11<br>요 5:24~30 | 성령의 세례<br>성령의 세례<br>부어주심<br>요 7:37 | 재림신앙<br>주님의 재림을<br>사모함<br>히 10:37 | 성도를<br>성결케함<br>흠도없이 비도없는<br>성결한 성도<br>계 15:2 | 하나님의<br>나라를 이룸<br>하나님의 나라를<br>먼저 누림 |

# 초실절

## 1. 구약 유대인

성경읽기 레위기 23장 9-14절

초실절은 모세와 이스라엘 백성으로부터 처음 시작되었습니다. 하나님은 이스라엘 백성에게 유월절과 무교절을 지킨 후에 오는 안식일 다음 날, 첫 열매를 하나님에게 바치라고 말씀하십니다. 농사하여 처음 익은 곡식단을 사람이 먹지 않고 제사장에게 가져가면, 제사장이 그것을 흔들어 하나님에게 예물로 바치는 제사를 가리켜 '초실절(Feast of Firstfruits)'이라고 합니다. 초실절은 이스라엘 백성이 가나안 땅에 입성한 후 지키기 시작한 절기입니다. 첫 것을 드림으로써 전체에 대하여 하나님에게 감사를 드린다는 것입니다.

## 2. J.X 구속사

성경읽기 고린도전서 15:20

초실절은 예수님의 부활입니다. 구약시대에 첫 열매를 하나님에게 바치는 초실절은 예수님이 부활의 첫 열매라는 것을 가리킵니다. 예수님은 날짜도 틀리지 않으시고, 첫 것이 죽는 유월절 날 십자가에서 죽으시고, 3일 동안 무덤 속에 계시고, 초실절 날 첫 열매로 부활하셨습니다. (교사는 설교집 88쪽, '무덤을 찾아간 마리아'를 참고해 주세요.)

## 3. 성도의 심령

**성경읽기** 고린도전서 15:21-23

성도의 심령에 나타나는 초실절의 역사는 부활입니다. 초실절은 각각 자기 차례대로 되는데, 먼저는 첫 열매인 예수님에게 일어났고, 그다음에는 예수님이 재림하실 때 예수님에게 속한 성도들에게 일어납니다. 이것을 가리켜 '최후의 부활'이라고 합니다.

### 최후의 부활(살전 4:13-17)

구원의 완성은 사람이 죽어서 천국에 가는 것이 아니라, 예수님의 재림과 함께 이 땅으로 돌아와서 부활하는 것입니다. 이미 죽어서 천국에 있는 영체가 예수님과 함께 이 땅으로 내려와서 무덤에서 부활한 육체와 합하여 최후의 부활체가 되고, 아직 살아있는 성도들은 죽지 않고 그대로 최후의 부활체를 맞이합니다.

## 사람마다 다른 부활체의 영광(고전 15:40-41)

최후의 부활체는 사람마다 그 영광의 크기가 다릅니다. 이 땅에 사는 80억 인구 중, 그 누구도 똑같은 지문이 없듯이, 부활체의 모습이 똑같은 사람은 단 한 명도 없습니다.

1. **해의 영광** – 해의 영광은 순교자의 부활입니다. 성경은 스데반이 순교할 때 그의 얼굴이 천사의 얼굴과 같았다고 말합니다(행 6:15). 초대교회 성도들 중에도 더 나은 부활을 사모하여 죽음을 마다하지 않고 순교한 사람들이 있었습니다(히 11:33-38).

2. **달의 영광, 별과 별의 영광** – 달의 영광도 다르고, 별의 영광도 별마다 다릅니다. 많은 사람을 전도하는 사람은 하늘의 별과 같이 영원토록 빛나는 부활을 보게 됩니다(단 12:3).

3. **심판의 부활(지옥)** – 천국으로 들어가는 생명의 부활과 달리, 심판의 부활은 영원한 지옥으로 들어가게 됩니다. 부활의 순서만 다를 뿐이지, 인간으로 태어난 모든 사람은 무조건 부활합니다. 생명의 부활은 예수님이 재림하실 때 일어나고 천년왕국에 들어가기 전에 부활 사건이 끝나지만, 불신자들의 심판의 부활은 천년왕국이 끝난 뒤에 일어납니다. (교사는 설교집 104쪽, '선한 일을 행한 자는 생명의 부활'을 참고해 주세요.)

우리는 이 세상에서 돈 벌고, 자식들 교육시키고, 사업이 잘 되는 것에 목표를 두지만, 하나님은 전체를 부활에 맞춰놓고 우리를 이끌어가십니다. 최후의 성공과 실패는 이 땅에서 누가 돈을 더 많이 벌고, 자식을 잘 키우고, 좋은 아파트에 사느냐가 아니라, 최후의 부활에서 결정되기 때문입니다.

### ⇨ 초실절의 부활이 임하는 방법

**성경읽기** 고린도전서 15:42-43

초실절의 키워드는 '심는 것'입니다. 이 세상에서 일어나는 모든 일은 '좋은 일'과 '나쁜 일' 둘 중 하나인데, 이 모든 것을 부활을 위해 심는 기회로 삼아야 합니다. (교사는 설교집 100쪽, '좋은 일과 나쁜 일'을 참고해 주세요.)

### ⇨ 초실절의 부활이 임한 사람에게 나타나는 현상

초실절의 부활이 임한 사람은 최후의 부활체도 빛나지만, 이 땅에서도 삶의 부활이 일어납니다. 가정의 부활, 자녀의 부활, 사업의 부활, 물질의 부활, 환경의 부활, 사역의 부활 등 모든 영역에서 부활의 역사가 일어납니다. 부활의 영이 임한 성도는 물 댄 동산과 물이 끊이지 않는 샘처럼 영이 항상 충만합니다. 주일예배가 간절하게 기다려지고, 무시로 기도하고 싶어지고, 말씀이 꿀처럼 달콤해지고, 만나는 사람마다 대화가 예수로 바뀌게 되고, 길 가다가 교회를 다니는 사람을 만나면 너무 반갑고, 무엇보다도 목사님이 가족은 저리 가라 할 정도로 너무 좋아집니다. 또 어떤 일을 직면했을 때, 두려움과 초조함이 아니라 언제나 자신만만합니다. 적게 일을 해도 결과가 펑펑 터집니다. 남들이 보기에도 좋고, '아, 저 사람은 부활까지 갔구나'라는 반응을 듣게 됩니다.

**선포하기** 최후의 성공과 실패는 최후의 부활에서 결정됩니다. 오직 심을 때 초실절의 부활이 임할 수 있습니다. 다 같이 큰 목소리로 세 번 외쳐보겠습니다. **"심자!"**
(교사는 모든 성도들이 큰 목소리로 삼창을 할 수 있도록 지도해 주세요.)

# 초실절

## I. 구약 유대인

1. **초실절은 무엇을 바치는 절기인가요?**
   '초실절(Feast of Firstfruits)'은 농사하여 처음 익은 곡식단을 사람이 먹지 않고 제사장에게 가져가면, 제사장이 그것을 흔들어 하나님에게 예물로 바치는 절기입니다.

## II. J.X 구속사

2. **예수 그리스도의 구속사에서 초실절은 무엇인가요?**
   초실절은 예수님의 부활입니다. 구약시대에 첫 열매를 하나님에게 바치는 초실절은 예수님이 부활의 첫 열매라는 것을 가리킵니다. 예수님은 날짜도 틀리지 않으시고, 첫 것이 죽는 유월절 날 십자가에서 죽으시고, 3일 동안 무덤속에 계시고, 초실절 날 첫 열매로 부활하셨습니다.

# III. 성도의 심령

3. **성도의 심령에 나타나는 초실절의 역사는 무엇인가요?**
   성도에게 나타나는 초실절의 역사는 부활입니다.

4. **최후의 부활은 무엇인가요?**
   최후의 부활은 이미 죽어서 천국에 있는 영체가 예수님과 함께 이 땅으로 내려와서 무덤에서 부활한 육체와 합하여 최후의 부활체가 되고, 아직 살아있는 성도들은 죽지 않고 그대로 최후의 부활체를 맞이하는 것을 말합니다.

5. **사람마다 부활체의 영광이 똑같나요 아니면 다른가요?**
   최후의 부활체는 사람마다 그 영광의 크기가 다릅니다. 이 땅에 사는 80억 인구 중, 그 누구도 똑같은 지문이 없듯이, 부활체의 모습이 똑같은 사람은 단 한 명도 없습니다.

6. **생명의 부활과 심판의 부활은 무엇인가요?**
   천국으로 들어가는 생명의 부활과 달리, 심판의 부활은 영원한 지옥으로 들어가게 됩니다.

7. **어떻게 우리에게도 초실절의 부활이 임할 수 있나요?**
   초실절의 키워드는 '심는 것'입니다. 이 세상에서 일어나는 모든 일은 '좋은 일'과 '나쁜 일' 둘 중 하나인데, 이 모든 것을 부활을 위해 심는 기회로 삼아야 합니다.

**8. 초실절의 부활이 임한 사람에게는 어떤 현상이 나타나나요?**

초실절의 부활이 임한 사람에게는 삶의 부활이 일어나기 시
작합니다. 가정의 부활, 자녀의 부활, 사업의 부활, 물질의
부활, 환경의 부활, 사역의 부활 등 모든 영역에서 부활의 역
사가 일어납니다.

## Q. 여러분은 모든 기회(좋은 일, 나쁜 일)를 부활의 기회로 삼고 있나요?

(교사는 성도들이 삶속에 일어나는 좋은 일과 나쁜 일에 대하여 어떻게 반응하고 있는지 확인하고, 어떤 어려움을 겪고 있는지 들어주고, 앞으로는 모든 상황 가운데 부활의 신앙으로 이길 수 있도록 격려해 주세요.)

이 세상에서 일어나는 모든 일은 '좋은 일'과 '나쁜 일' 둘 중 하나인데, 이 모든 것을 부활을 위해 심는 기회로 삼아야 합니다. 부활은 심은대로 거두는 원리를 따릅니다. 나에게 좋은 일이 생겼을 때도 나쁜 일이 생겼을 때도 부활을 위해 심어야 합니다.

1. **좋은 일**: 하나님이 물질, 건강, 시간을 주셨다면, 그 축복을 하나님을 위해 심어야 합니다. 예를 들어, 물질로 교회와 어려운 이웃을 섬깁니다. 건강으로 교회에서 봉사합니다. 시간으로 교회에서 예배를 드립니다.

2. **나쁜 일**: 나를 이유없이 씹고 욕하는 사람이 생길 때, 미워하지 말고 용서해주고 품어주어야 합니다. '오, 하나님이 나에게 부활을 위해 십게 하시는구나!'라고 반응해야 합니다. 미움과 다툼으로 반응하면, 하나님은 우리를 사랑하시기 때문에 더 강도가 높은 사람을 붙이십니다. 계속해서 유사한 일들이 반복됩니다. 그렇지만 선악과가 아니라, 예수로 반응하는 자에게는 하나님이 더 이상 무교절의 처방을 내리실 필요가 없습니다. 바로 초실절의 부활을 주십니다.

(교사는 '나쁜 일'에 대해서 나눌 때, 성도들 가운데 아직 원수를 용서하지 못한 사람이 있다면, 용서할 수 있도록 지도해 주세요.)

---

### <더 나은 부활을 위해 용서하자>

원수에 대한 미움을 마음에 품는 순간, 사단은 그 마음의 공간을 점령합니다. 인간은 영혼육으로 지어졌습니다(살전 5:23). 구원받은 사람의 영은 사단이 손을 델 수 없습니다. 하지만 혼은 공동경비구역입니다. 다시 말해, 내가 아무리

신령한 경지까지 가도, 사람을 용서하지 못하고 미움이 마음에 자리하는 순간, 그 곳은 사단의 점령지가 됩니다. 결국, 용서는 나를 위해 해야 하는 것입니다. 용서하지 못하는 사람은 부활의 영광을 맛보지 못합니다.

**찬송하기** 내가 먼저 손 내밀지 못하고
**기도하기** 주님, 모든 기회를 부활의 기회로 삼겠습니다, 좋은 일도 나쁜 일도 하나님이 부활을 위해 나에게 주신 기회입니다, 심는 원리를 붙잡아서 더 나은 부활을 맞게 하옵소서
(주여 삼창 부르짖고 통성으로 기도합니다)

**4과**

# 오순절

**찬송하기**  성령 받으라

**기도하기**  주님, 오순절이 우리의 심령 속에 임하게 하옵소서 (주여
삼창 부르짖고 통성으로 기도합니다)

**도표참조**  <7대 명절로 나타난 그리스도> 도표를 펴 봅시다. (교재
뒷장에 도표를 참조하세요.)

**복습하기**  '3과 초실절'을 함께 복습해 봅시다.

## 題目:七대 명절로 나타난 그리스도

[본문 : 히 브 리 서 10장 1절] 1. 율법(구약)은 장차 오는 일의 그림자요 참형상이 아니므로 해마다 늘 드리는바 같은 제사로는 나아오는 자들을 언제든지 온전케 할 수 없느니라
[본문 : 고린도전서 5장 6~8절] 6. 너희의 자랑하는 것이 옳지 아니하도다 적은 누룩이 온 덩어리에 퍼지는 것을 알지 못하느냐
7. 너희는 누룩 없는 자인데 새 덩어리가 되기 위하여 묵은 누룩을 내어버리라 우리의 유월절 양 곧 그리스도께서 희생이 되셨느니라
8. 이러므로 우리가 명절을 지키되 묵은 누룩도 말고 괴악하고 악독한 누룩도 말고 오직 순전함과 진실함의 누룩으로 하자

| | 유월절 | 무교절 | 초실절 | 오순절 | 나팔절 | 속죄절 | 장막절 |
|---|---|---|---|---|---|---|---|
| | πασχα 파스카<br>(명칭) 과월절<br>חסס 페사흐 | αξυμος 아쥐모스<br>(명칭)<br>מצות 마쪼트 | αρχη θερισμου<br>아르케이 데리스무<br>עמר ראשית<br>오메르 레이쉬트 | πεντηκοστη<br>펜테코스테<br>שבעות<br>샤부오트 | Ο πρωτος του ετου<br>호 프로토스 투 에투<br>ראש השנה<br>로쉬하샤나 | ημερα εξιλασμου<br>헤메라 엑시라스무<br>יום כפור<br>욤 키포르 | σκηνη 스케네<br>סכות 수코트 |
| **(구약)<br>유대인** | (시) 1월 14<br>(명절) 과월절<br>(행사내용)<br>1.어린양의 죽음<br>2.우슬초로 문 인방과<br>좌우 설주에 피뿌림<br>레23:4~5 / 고전5:7~8<br>신16:1,5~6 / 출12:6,13,21~30<br>레23:6~8 | (시) 1월 15~21<br>(명절)<br>무교병 곧 고난의 떡을<br>먹는 날 / 첫 안식일<br>고전5:7~8<br>레8:3 / 고전5:8 / 민9:3<br>출12,2,17,13:7<br>레23:6~8 | (시) 1월 16일<br>(명절)<br>밭첫째단 단 거두어 비료와<br>화목제가 흔들어 안식일다음<br>제사장에게 가져감<br>레23:19 / 레23:9~14 | (시) 3월 6일<br>(명절)<br>교훈기록부 누룩을 공동 추곡<br>두 떡에다 박도로써 제사장이<br>이방을 흔들어보여…<br>레16:10 / 레23:15~22 | (시) 7월 1일<br>(명절)<br>1.화응을 소집하여 첫 응 준행하<br>함께<br>2.기쁨의 날과 보존치 말며<br>나팔소리<br>민28:2 / 레23:23~25 / 민29:1~6<br>레25:9 | (시) 7월 10일<br>(명절)<br>세운 회장 산으로 가지고 들어가<br>속최소 앞과 위에 뿌림<br>레16:30 / 레23:26~32 | (시) 7월 15~22일<br>(명절) 초막절, 수장절<br>(행사내용)<br>국식하 요5일 거두어 들인후<br>유월절이 지킴<br>레23:16 / 레23:33~44 / 신16:13 |
| **J.X구속사** | 그리스도의<br>십자가 | 그리스도의<br>무덤 | 그리스도의<br>부활 | 그리스도의<br>성령을 부어주심 | 그리스도의<br>재림 | 그리스도의<br>나라를 바침 | 그리스도의<br>천년왕국 |
| | 요 1:29<br>요 19:32~36 | 마 12:38~40 | 고전 15:20~<br>요 20:17 | 행 2:1~4<br>욜 2:28 | 마 24:30~31<br>고전 15:51<br>살전 4:16 | 단 12:5~13<br>단 9:23~25<br>계 5:9~12 | 계 21:1~8<br>고후 5:1~4 |
| **성도의<br>심령에<br>나타날<br>복음사건** | 구 원 | 성 화 | 영의부활 | 성령의 세례 | 재림신앙 | 성도를<br>성결케함 | 하나님의<br>나라를 이룸 |
| | 출 12:1~<br>벧전 1:2<br>계 1:5 | 자아의 파쇄<br>걸사랑 처리<br>고전 5:7~11<br>롬 6:34,52 | 삶의 부활<br>최후의 부활<br>롬 8:11<br>요 5:24~30 | 성령의 세례<br>부어주심<br>요 7:37 | 주님의 재림을<br>사모함<br>히 10:37 | 흠도없이 티도없는<br>성결한 성도<br>계 15:2 | 하나님의 나라를<br>먼저 누림 |

# 오순절

## 1. 구약 유대인

`성경읽기` 레위기 23:15-22

오순절은 구약시대의 칠칠절(Feast of Weeks)에서 비롯한 절기입니다. 칠칠절은 모세와 이스라엘 백성으로부터 처음 시작되었습니다. 칠칠절은 초실절부터 50일째 되는 날, 시내산에서 모세가 하나님으로부터 토라(모세오경)를 받은 것과 가나안 땅을 입성한 이후에는 거룩한 땅에서의 첫 추수를 기념하는 절기입니다. 구약시대의 유대인들은 유월절 날 곡식의 첫 추수가 시작되면, 추수한 보리의 첫 단을 초실절 날 제사장에게 가져가 하나님에게 바쳤습니다. 그리고 초실절로부터 50일째 되는 날, 보리 추수가 끝나고 밀 추수가 시작될 때, 추수한 밀에 누룩을 넣어서 만든 빵 두 덩어리를 하나님에게 제물로 바쳐서 칠칠절을 지켰습니다.

> ### 오순절의 뜻
> 구약시대의 '칠칠절'은 신약시대에 와서 '오순절(히브리어로 Shavuot, 그리스어로 Pentecost)'로 바뀝니다. 50을 뜻하는 '오

순'이라는 명칭은 이 절기가 초실절로부터 50일째 되는 날 지켜진다로 해서 붙여진 것입니다.

## 2. J.X 구속사

**성경읽기** 사도행전 2:1-4

오순절은 예수님이 부활하시고 승천하신 후에 성령을 부어주신다는 뜻입니다. 부활하신 예수님은 승천하시기 전에 제자들에게 예루살렘을 떠나지 말고 하나님이 약속하신 성령을 받으라고 말씀하십니다(행 1:4-5). 예수님이 승천하신 이후, 하늘만 쳐다보고 있는 제자들에게 두 천사가 내려옵니다. 하늘로 올려지신 예수님이 다시 내려오실 것을 말해 주고, 예수님이 승천하실 때 약속하신 성령세례를 붙잡고 기도하라고 말합니다(행 1:10-11). 이에 제자들은 예루살렘으로 돌아와 마가 요한의 다락방을 빌려서 기도회를 시작합니다. 처음에 기도를 시작한 인원은 500명이었습니다. 하지만 하루 이틀을 기도해도 성령이 오시지 않자, 그중 380명은 떠납니다. 남은 120명은 끝까지 기도하는데, 열흘 째 되는 날 갑자기 하늘문이 열리면서 오순절의 성령님이 강타합니다. 이것이 최초의 오순절이 임한 사건입니다.

## 3. 성도의 심령

**성경읽기**  요엘 2:28

성도의 심령에 나타나는 오순절의 역사는 성령세례입니다. 유월절, 무교절, 초실절도 성령님이 역사하시지만, 오순절의 성령은 그 색깔과 강도가 전혀 다릅니다.

### ⇨ 오순절의 성령세례를 주신 이유

승천하신 예수님이 우리에게 성령의 세례를 주신 이유는 우리 속에 임한 7대 명절의 씨, 즉 예수 그리스도에 관한 복음을 다른 사람에게로 옮기기 위함입니다. 오순절은 선교의 영입니다.

### 오순절이 없어진 한국 교회

오늘날 한국 교회는 오순절을 설명조차 하지 않거나, 중요하지 않다고 격하시킵니다. 오순절은 2천 년 전에 한 번 일어난 것으로 끝났다고 가르칩니다. 오순절을 부인하는 목회자들로 인하여 수많은 성도들이 희생되고 있습니다. 하지만 성경은 오순절의 성령세례는 단회가 아니라 연속이라고 말하고 있습니다(행 2:37-39). 마가의 다락방에서 최초의 오순절이 일어난 이후, 그 자리에 없던 성도들이 어찌할꼬 통곡하며 아쉬워하자, 베드로는 성령세례의 약속은 너희와 너희 자녀와 모든 먼 데 사람과 하나님이 얼마든지 부르시는 자들에게 열려있다고 위로합니다(행 2:39). 오순절은 2천 년 전에 한 번 일어난 것으로 닫힌 것이 아니라, 오늘까지도 계속 열려있다는 것입니다.

## ⇨ 오순절의 성령세례에 대한 두 가지 반응

**성경읽기** 사도행전 2:6-13

오순절의 역사가 일어나자마자 많은 사람들이 몰려와 두 가지 반응을 보였습니다. 첫째는 부러워하는 사람들이었습니다. '와! 나도 그 자리에 있었을걸.' 부러워하는 사람은 머지않아서 자신도 받습니다. 둘째는 조롱하는 사람들이었습니다. '뭐야, 쟤들 술 취한 것 아니야?' 조롱하는 사람에게는 오순절이 영원히 오지 않습니다. 여러분은 오순절에 대하여 조롱하는 것이 아니라, 사모하는 통로를 붙잡아야 합니다. 그런 사람에게는 반드시 오순절이 임합니다.

## ⇨ 오순절의 성령세례가 임한 사람에게 나타나는 현상
### 1. 오순절이 임하면, 지나간 명절과 앞으로 다가올 명절이 분명해집니다.
오순절의 성령세례가 임한 사람은 지나간 유월절, 무교절, 초실절을 상고할 때, 성령님이 그 깊이를 새롭게 일깨워 주셔서 지금까지 내가 알았던 것이 아무것도 아닌 것을 알게 됩니다. 또 앞으로 다가올 나팔절, 속죄절, 장막절에 대하여 마음속에 성령님이 나를 끝까지 붙드실 것을 보증 받습니다. (교사는 설교집 127쪽, '앞의 세 명절을 회복하는 오순절'을 참고해 주세요.)

### 2. 오순절이 임하면, 말이 오순절의 언어로 바뀝니다.

오순절 전의 언어는 저주받은 언어였습니다. 하나님이 천지를 창조하실 때, 에덴동산에 사는 인간에게 처음으로 '말'이라는 것이 생겼습니다. 그런데 그 말은 하나님을 대적하려는 인간의 바벨탑으로 인해 혼잡해집니다(창 11:9). 그때부터 인간의 언어는 저주받은 언어가 된 것입니다. 그래서 타국인뿐만 아니라, 부모와 자식 간에도 말이 통하지 않는 것입니다. 그런데 오순절이 임하면, 성령님이 사람의 여러 지체 중 가장 연약하고 부드러운 사람의 혀부터 틀어쥐기 시작하십니다(행 2:4). 그러면서 터져 나오는 것이 방언입니다. (교사는 설교집 128쪽, '방언은 은사의 시작'을 참고해 주세요.)

### 3. 오순절이 임하면, 모든 동사 앞에 '성령으로'가 붙습니다.

오순절의 성령세례가 임한 사람은 그가 하는 모든 동사 앞에 '성령으로'가 붙기 시작합니다(행 6:10). 기도를 할 때도 성령으로, 찬송을 부를 때도 성령으로 합니다. 그래서 오순절의 언어가

온 사람과 오지 않은 사람이 대화할 때 속이 답답한 것입니다. 교회에 다니는 성도는 모두 오순절의 언어로 통일해야 합니다. (교사는 설교집 136쪽, '오순절과 언어의 관계'를 참고해 주세요.)

**4. 오순절이 임하면, 표적과 기사가 뒤따릅니다.**

오순절의 성령세례가 임한 사람은, 가는 곳마다 표적과 기사가 뒤따릅니다(행 4:30). 사도행전 5장에서 사도들이 잡혀서 옥에 갇혔을 때, 밤중에 천사가 나타나 옥문을 깨서 열어줍니다. 왜 천사는 다른 감옥은 찾아가지 않고, 사도들에게만 왔을까요? 오순절의 성령세례가 임하여 복음을 전하는 자들이었기 때문입니다. 복음을 전하고자 하는 충동이 있는 자에게 성령세례의 기적이 일어납니다. (교사는 설교집 133쪽, '어디서든지 터지는 오순절 사건'을 참고해 주세요.)

## ⇨ 오순절의 성령세례가 임하는 방법

**성경읽기** 사도행전 1:14

오순절의 성령세례를 받으려면, 첫 번째 임한 오순절을 살펴보아야 합니다. 당시 마가의 다락방은 불안과 공포에 사로잡혀 있었습니다. 로마 제국에 대항한 반란자들에게나 해당되는 십자가 형벌로 죽은 예수님을 따라다녔다는 이유만으로 잡힐까봐 바깥에도 나가지 못하는 상황이었습니다. 당시 120문도가 그 상황을 돌파하여 나갈 수 있는 유일한 길은 예수님이 약속하신 성령을 받는 것이었습니다. 받지 못하면 더 이상 살 수가 없는 것입니다. 바로 이 심정으로 120문도는 전심으로 기도에 힘썼습니다(행 1:14). 여기에서 '전심으로'라는 단어는 헬라어 원어로 '프로스칼테론데스'입니다. 이것은 일반적인 힘을 쓰는 것이 아니라 사투를 벌인다는 의미입니다.

---

### '프로스칼테론데스(전심으로)'의 의미

밤중에 강도가 집안에 들이닥칩니다. 강도는 자고 있는 가장의 목에 칼을 대고서는 '네가 가지고 있는 돈을 전부 내놓지 않으면 네 아내랑 자식들을 전부 죽일 거야'라고 협박합니다. 가장이 눈을 떠 보니까 그의 가족이 꼼짝없이 죽게 된 상황인 것입니다. '그래, 어차피 죽는 것 이판사판이다'라며 가장은 칼끝을 쳐서 바닥에 떨어뜨리고 그때부터 강도와 칼을 잡기 위한 사투를 벌이기 시작합니다. 가장의 머릿속에는 무슨 생각뿐이었을까요? '내가 이기면 나와 아내와 자식들은 전부 살고, 내가 지면 나와 아내와 자식들은 다 죽는다.' 그 마음의 자세로 강도와 사투를 벌일 때 사용되는 힘을 '프로스칼테론데스'라고 합니다. 이것이 최초의 성령세례가 임할 때 성도들의 기도 자세였습니다.

## ⇨ 오늘날 성도들이 성령세례를 받지 못하는 이유

성령세례를 받지 못하는 사람의 99%는 피동적 기도 때문입니다. "주실래요? 안 주셔도 괜찮아요. 내일 다시 올게요." 목사님을 따라 주여 삼창을 부르짖으라고 할 때, 부르짖는 기도는 지저분하다고 생각하여 입도 열지 않고 가만히 있습니다. 하지만 성령세례의 기도는 이해하고 체험되는 것이 아니라, 체험하고 이해되는 것입니다. 120문도처럼 오순절의 가치를 알고 전심으로 사모하여 포기치 않고 구할 때, 성령세례가 임합니다. 성령세례의 원리는 사모함이기 때문입니다. (교사는 설교집 118쪽, '누가복음 11장'을 참고해 주세요.)

**선포하기** 인간의 힘으로는 사단을 이길 수 없습니다. 오직 성령의 힘으로 이기는 것입니다. 그렇다면 성령세례를 받아야 합니다. 다 같이 큰 목소리로 세 번 외쳐보겠습니다. **"성령세례를 주시옵소서!"**

(교사는 모든 성도들이 큰 목소리로 삼창을 할 수 있도록 지도해 주세요.)

# 오순절

## I. 구약 유대인

1. **구약의 칠칠절(오순절)은 무엇을 기념하는 절기인가요?**

   칠칠절은 초실절부터 50일째 되는 날, 시내산에서 모세가 하나님으로부터 토라(모세오경)를 받은 것과 가나안 땅을 입성한 이후에는 거룩한 땅에서의 첫 추수를 기념하는 절기 입니다.

2. **'오순절'의 뜻은 무엇인가요?**

   구약시대의 '칠칠절'은 신약시대에 와서 '오순절(히브리어로 Shavuot, 그리스어로 Pentecost)'로 바뀝니다. 50을 뜻하는 '오순'이라는 명칭은 이 절기가 초실절로부터 50일째 되는 날 지켜진다로 해서 붙여진 것입니다.

## II. J.X 구속사

3.  **예수 그리스도의 구속사에서 오순절은 무엇인가요?**
    오순절은 예수님이 부활하시고 승천하신 후에 120문도에게
    성령을 부어주신 사건입니다.


## III. 성도의 심령

4.  **성도의 심령에 나타나는 오순절의 역사는 무엇인가요?**
    오순절은 성령세례입니다. 유월절, 무교절, 초실절도 성령님
    이 역사하시지만, 오순절의 성령은 그 색깔과 강도가 전혀
    다릅니다.

5.  **오순절의 성령세례를 주신 이유가 무엇인가요?**
    우리 속에 임한 7대 명절의 씨, 즉 예수 그리스도에 관한 복
    음을 다른 사람에게로 옮기기 위함입니다. 오순절은 선교의
    영입니다.

6.  **오순절의 성령세례는 단회인가요 연속인가요?**
    오순절의 성령세례는 단회가 아니라 연속입니다. 마가의 다
    락방에서 최초의 오순절이 일어난 이후, 그 자리에 없던 성
    도들이 어찌할꼬 통곡하며 아쉬워하자, 베드로는 성령세례

의 약속은 너희와 너희 자녀와 모든 먼 데 사람과 하나님이 얼마든지 부르시는 자들에게 열려있다고 위로합니다(행 2:39). 오순절은 2천 년 전에 닫힌 것이 아니라, 오늘까지도 계속 열려있는 것입니다.

7. 오순절의 성령세례에 대한 두 가지 반응은 무엇인가요?

부러워하는 사람과 조롱하는 사람입니다. 오순절을 부러워 하는 사람은 머지않아서 자신도 받습니다. 하지만 조롱하는 사람에게는 오순절이 영원히 오지 않습니다.

8. 어떻게 우리에게도 오순절의 성령세례가 임할 수 있나요?

첫 번째 임한 오순절의 120문도처럼 '전심으로(프로스칼테 론데스)' 기도에 힘써야 합니다. 이것은 일반적인 힘을 쓰는 것이 아니라 사투를 벌인다는 의미입니다. 120문도처럼 오 순절의 가치를 알고 전심으로 사모하여 적극적으로 구할 때, 성령세례가 임합니다.

9. 오늘날 성도들이 성령세례를 받지 못하는 이유는 무엇인가요?

성령세례를 받지 못하는 사람의 99%는 피동적 기도 때문입 니다.

**Q.** 여러분은 성령세례를 받았나요? 아직 받지 않았다면, 사모하나요? 성령세례를 받기 위해서는 어떻게 해야 할까요?

(교사는 아래 내용을 미리 숙지하고, 구체적으로 어떻게 성령세례를 받을 수 있는지 성도들에게 가르쳐주세요. 이때 자신의 간증을 나눠도 좋습니다.)

### 성령세례를 위한 기도의 자세

1. **죄를 회개해야 합니다.** 과거부터 지금까지 지은 모든 죄를 하나님에게 전심으로 회개해야 합니다. 죄를 회개하지 않으면, 하나님의 거룩한 성령은 우리 속에 들어오실 수가 없습니다.

2. **성령님을 사모해야 합니다.** 최초의 오순절이 임하기 직전의 상태로 돌아간 것처럼 열광하고 사모함이 고조되어야 합니다.

3. **'주여' 삼창으로 부르짖어 기도해야 합니다.** 이때 옆 사람의 기도가 내 귀에 들리면 안 됩니다. 옆 사람의 기도가 내 귀에 들리는 사람은 아직도 주님에 대한 사모함이 절정에 가지 못한 것입니다. 각자가 전체 중에서 자신의 기도 소리가 제일 세야 합니다. 자신의 입과 귀가 제일 가깝기 때문에 누구든지 자신의 소리가 제일 셀 수밖에 없습니다.

4. **기도할 때 주님을 향하여 머리를 들고 기도해야 합니다.** 절대 머리를 바닥이나 의자에 쳐박고 기도하면 안됩니다. 성령님의 강타를 구하는 기도는 머리를 들고 주님을 향하여 부르짖어야 합니다.

5. **자리를 잘 앉아야 합니다.** 가족과 붙어 앉는 사람은 의식하느라 성령세례가 잘 오지 않을 때가 있습니다.

6. **기도하다 보면 사탄이 우리의 머리 속에 생각을 넣습니다.** '이렇게 하지 않아도 그동안 신앙생활 잘했는데, 꼭 이렇게까지 해야 하는가?' '옆에 앉아있는 남편이 비웃겠다, 그만 둬!' 이때 사탄의 말에 절대 동의하면 안됩니다. '예수 그리스도의 이름으로 물러가라!'라고 대항하여 성령세례를 놓치 말아야 합니다.

## 성령세례의 현상

성령님이 강타하시면, 방언이 터질 수도 있고 몸에 진동이 올 수도 있습니다. 사람마다 현상은 다 다르지만, 성령님이 오실 때 절제하면 안됩니다. 어떤 사람은 방언이 터질 때 입을 손으로 잡아버립니다. 어떤 사람은 몸에 진동이 올 때 기도를 멈춰버립니다. 이 모든 것을 절제하지 말고, 성령님의 자유함에 맡겨야 합니다.

또 방언이 터질 때, 어떤 사람은 처음부터 유창하게 터질 수도 있지만 대다수가 그렇지 않습니다. 이때 사탄은 의심을 줍니다. 하지만 예수 그리스도의 이름을 대항해야 합니다. 방언이 유창한 사람도 처음 터질 때는 유창하지 못했습니다. 방언은 하면 할수록 바뀌어갑니다. 방언은 터지는 것 자체가 가장 중요한 것입니다.

**찬송하기** 방황하는 나에게

**기도하기** 지금부터 두 손을 높이 들고, 주여 삼창 부르짖고 기도할 때, 다른 기도는 하지 말고, 오직 성령받는 기도만 하겠습니다. 한 번 받은 사람도 재충만을 받아야 합니다.

마가의 다락방에서 120문도에게 처음으로 임했던 성령님, 동일하게 임하여 주시옵소서, 은사를 부어주시옵소서, 능력을 부어주시옵소서, 뒤로 물러설 수 없습니다, 성령의 세례로 강타하여 주시옵소서 (주여 삼창 부르짖고 통성으로 기도합니다)

# 나팔절

**찬송하기** 180장 하나님의 나팔 소리

**기도하기** 주님, 나팔절이 우리의 심령 속에 임하게 하옵소서 (주여
삼창 부르짖고 통성으로 기도합니다)

**도표참조** <7대 명절로 나타난 그리스도> 도표를 펴 봅시다. (교재
뒷장에 도표를 참조하세요.)

**복습하기** '4과 오순절'을 함께 복습해 봅시다.

## 題目: 七대 명절로 나타난 그리스도

[본문 : 히 브 리 서 10장 1절] 1. 율법(구약)은 장차 오는 좋은 일의 그림자요 참형상이 아니므로 해마다 늘 드리는바 같은 제사로는 나아오는 자들을 언제든지 온전케 할 수 없느니라
[본문 : 고린도전서 5장 6~8절] 6. 너희의 자랑하는 것이 옳지 아니하도다 적은 누룩이 온 덩어리에 퍼지는 것을 알지 못하느냐
7. 너희는 누룩 없는 자인데 새 덩어리가 되기 위하여 묵은 누룩을 내어버리라 우리의 유월절 양 곧 그리스도께서 희생이 되셨느니라
8. 이러므로 우리가 명절을 지키되 묵은 누룩도 말고 괴악하고 악독한 누룩으로 말고 오직 순전함과 진실함의 누룩 없는 떡으로 하자

|  | 유월절 | 무교절 | 초실절 | 오순절 | 나팔절 | 속죄절 | 장막절 |
|---|---|---|---|---|---|---|---|
|  | πασχα 파스카<br>פסח 페사흐 | αζυμος 아취모스<br>아르제이 데리스구<br>מצות 마초트 | αρχη θεριομου<br>아르케이 데리스구<br>עמר ראשית<br>오메르 레이쉬트 | πεντηκοστη<br>펜테코스테<br>שבעות 샤브오트 | ο πρωτος του ετου<br>호 프로토스 투 에투<br>ראש השנה<br>로쉬하샤나 | ημερα εξιλασμου<br>헤메라 엑시라스무<br>יום כפור 욤 키포르 | σκηνη 스케네<br>סכות 수코트 |
| **〈구약〉<br>유대인** | [일시 : 1월 14]<br>[명칭 : 과월절]<br>[행사내용]<br>1. 어린양의 희생<br>2.우슬초로 문 인방과<br>좌우 설주에 피뿌림<br>[성구]<br>레34:4~5 / 고전5:7~8<br>신16:1,5~6 / 출12:6,13,21~26 | [일시 : 1월 15~22]<br>[명칭 : 무교절]<br>[행사내용]<br>무교병 곧 6년된 마음<br>큰나물과 아울러 급히 먹음<br>[성구]<br>레16:3 / 고전5:8 / 신9:3<br>레23:6~8 / 출12:2,17,13:7<br>레23:9~14 | [일시 : 유월절 후 안식일 다음날]<br>[명칭 : 초실절]<br>[행사내용]<br>첫열매의 단을 제주에 어조와<br>함께묵은 번을어 영납하고 초<br>제사장에게 가져감<br>[성구]<br>레23:10 / 레23:9~14 | [일시 : 3월 6일]<br>[명칭 : 오순절]<br>[행사내용]<br>곡물가루에 누룩을 넣어 구운<br>두 덩어리의 떡으로써 제사장이<br>번제와 화목제 드림<br>[성구]<br>5)16:10 / 레23:15~22 | [일시 : 7월 1일]<br>[명칭 : 신년 축제일 백주성<br>행함]<br>[행사내용]<br>1.희생을 드림여 큰을 진행<br>2.기쁨의 날과 전쟁의 패배<br>나팔을음<br>[성구]<br>레0:2 / 레23:23~25 / 민29:1~6<br>레23:9 | [일시 : 7월 10일]<br>[명칭 : 속죄의 날]<br>[행사내용]<br>피를 취하 안으로 가서 금 찬데<br>속죄소 앞과 위에 뿌림<br>[성구]<br>레16:30 / 레23:26~32 | [일시 : 7월 15~22일]<br>[명칭 : 초막절, 수장절]<br>[행사내용]<br>곡식과 포도를 거두어 들인후<br>8일동안 지킴<br>[성구]<br>출23:16 / 레23:33~44 / 신16:13 |
| **J.X구속사** | 그리스도의<br>십자가<br>요 1:29<br>요 19:32~36 | 그리스도의<br>무덤<br>마 12:38~40 | 그리스도의<br>부활<br>고전 15:20~<br>요 20:17 | 그리스도의<br>성령을 부어주심<br>행 2:1~4<br>욜 2:28 | 그리스도의<br>재림<br>마 24:30~31<br>고전 15:51<br>살전 4:16 | 그리스도의<br>나라를 바침<br>단 12:5~13<br>롬 9:23~25<br>계 5:9~12 | 그리스도의<br>천년왕국<br>계 21:1~8<br>고후 5:1~4 |
| **성도의<br>심령에<br>나타날<br>복음사건** | 구 원<br>출 12:1~<br>벧전 1:2<br>계 1:5 | 성 화<br>자아의 파쇄<br>검사함 처리<br>고전 5:7~11<br>요 6:34,52 | 영의부활<br>삶의 부활<br>최후의 부활<br>롬 8:11<br>요 5:24~30 | 성령의 세례<br>성령의 세례<br>부어주심<br>요 7:37 | 재림신앙<br>주님의 재림을<br>사모함<br>히 10:37 | 성도를<br>성결케함<br>흠도없이 티도없는<br>성결한 성도<br>계 15:2 | 하나님의<br>나라를 이룸<br>하나님의 나라를<br>먼저 누림 |

# 나팔절

## 1. 구약 유대인

**성경읽기** 레위기 23:23-25

나팔절은 모세와 이스라엘 백성으로부터 시작되었습니다. 하나님은 일곱째 달 첫날 나팔을 불어 이스라엘 백성에게 성회로 모이라고 말씀하십니다. 이날부터 대속죄일(속죄절)까지 10일 동안 아무도 노동하지 않고, 성회에서 하나님에게 화제를 드리며 회개합니다. 나팔을 사용하여 이스라엘 백성을 성회로 모으는 절기를 가리켜 '나팔절(Feast of Trumpets)'이라고 합니다. (교사는 설교집 142쪽, '양각 나팔'을 참고해 주세요.)

### 7월 1일, 유대인의 설날

유대력으로 새해의 시작은 7월 1일 나팔절입니다. 나팔절부터 대속죄일(속죄절)까지 유대인들은 10일 동안 지나간 1년을 돌아보며 회개하고, 다가올 1년을 하나님 앞에 새롭게 다짐합니다. 그리고 10일째 되는 7월 10일 대속죄일 날 저녁에 나팔이 불리면, 그때부터 실제적인 새해가 시작되며 7월 14일까지 4일 동안 초막을 짓고 7월 15일부터 7일간 번제를 드리며 장막절을 보냅니다.

## 2. J.X 구속사

**성경읽기** 마태복음 24:29-31

나팔절은 하늘로 승천하신 예수님이 이 땅에 다시 오신다는 것을 의미합니다. 예수님이 이 땅에 재림하실 때, 천사장들은 나팔을 불어서 구원받을 백성들을 땅 이 끝에서 저 끝까지 사방에서 모을 것입니다. 성경은 반복적으로 예수님의 재림과 나팔의 관계성을 강조하고 있습니다(고전 15:51-52, 계 8:2, 6-13). 그중 가장 분명한 재림의 모형이 여리고성입니다.

(교사는 설교집 150쪽, '여리고성과 기생 라합'을 참고해 주세요.)

### 종말론의 시작: 다니엘서

**성경읽기** 데살로니가전서 5:1-6

성경은 예수님의 재림에 대해 아들도 모르고 천사도 모르고 아버지만 안다고 말합니다(마 24:36). 그래서 예수님의 재림이 도적같이 온다는 것입니다(벧후 3:10). 그런데 데살로니가전서 5장을 보면, 어떤 이들에게는 예수님의 재림이 도적같이 오지만(살전 5:1), 또 어떤 이들에게는 도적같이 오지 않는다고 말하고 있습니다(살전 5:4). 예수님의 재림이 도적같이 오는 자는 예수님을 믿지 않는 사람이나 예수님을 믿어도 깨어있지 않은 사람입니다. 반면에, 예수님의 재림이 도적같이 오지 않는 자는 깨어있어 재림의 때를 아는 사람입니다(살전 5:5-6). 물론 예수님이 몇 날 몇 시에 재림하실지는 구체적으로 알 수 없지만, 예수님의 재림 전후에 일어날 사건들을 통해 그 때는 대략 파악할 수 있습니다. 성경은 이에 대해 다니엘서부터 시작하라고 분명히 말하고 있습니다(마 24:15-16).

**성경읽기** 다니엘서 1:1-7

분열 왕국 시대의 남유다에 다니엘이라는 사람이 있었습니다. 다니엘은 청소년 시절에 조국이 망해서 바벨론에 포로로 잡

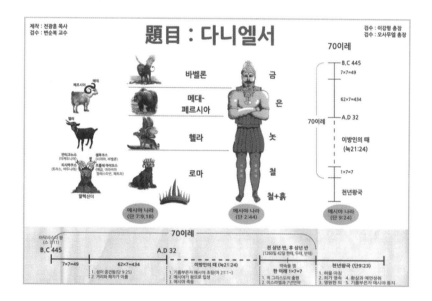

혀가게 되고, 그곳에서 세 가지 환상을 통해 하나님의 시간표를 알게 됩니다. 이것을 가리켜 다니엘서(종말론)의 세 가지 기둥이라고 합니다.

## 1. 첫 번째 기둥: 큰 동상

**성경읽기** 다니엘서 2:1-13

다니엘이 포로로 잡혀간 바벨론의 느부갓네살 왕이 하루는 매우 신비한 꿈을 꾸게 됩니다. 꿈속에 큰 동상이 나타나는데, 머리는 금, 가슴은 은, 배는 동, 두 다리는 철, 열 발가락은 흙과 철로 되어 있습니다. 그런데 갑자기 하늘에서 돌이 내려와 동상의 열 발가락을 치자, 동상 전체가 가루처럼 되어 타작마당의 재처럼 날아가 버리고 하늘에서 내려온 돌은 점점 커져서 세상 전체를 덮습니다. 다니엘이 이 꿈을 해석하는데, 머리는 바벨론, 가슴은 메대와 파사(페르시아), 배는 헬라, 두 다리는 동로마와 서로마, 그리고 마지막 열 발가락은 적그리스도의 나라입니다. 이때 하늘에서 돌이 내려와 적그리스도의 나라를 강타할 것인데, 이 돌은 건축자의 머릿돌 되시는 예수님의 재림을 의미합니다. 예수님이 재림하실 때, 동상은 타작마당의 겨같이 되어 바람에 불어 가고 이 세상의 역사는 다 가루처럼 없어질 것입니다. 그리고 하늘에서 내려온 돌의 나라, 곧 메시아의 나라가 태산을 이루어 온 세상을 덮어 마지막 사건인 천년왕국을 이룰 것입니다. 큰 동상의 환상을 통해 하나님이 느부갓네살 왕에게 이후의 시간표를 보여준 것입니다. (교사는 설교집 169쪽, '다니엘을 통해 전하시는 그리스도의 나라'를 참고해 주세요.)

## 2. 두 번째 기둥: 짐승

**성경읽기** 다니엘서 7:1-14

이후, 다니엘은 직접 종말에 대한 꿈을 꿉니다. 큰 바다에서 네 마리의 짐승이 나오는데, 첫째는 사자, 둘째는 곰, 셋째는 표범, 넷째는 10개의 뿔이 머리에 달린 크고 무서운 짐승입니다. 그런데 하나님의 심판 보좌에 의해 짐승들이 죽임을 당하고 하늘 구름을 타는 인자 같은 이에게 모든 권세와 영광과 나라가 영원히 주어집니다. 7장 짐승의 계시는 2장 동상의 계시와 일맥상통합니다. 네 짐승은 곧 바벨론, 메대와 바사(페르시아), 헬라, 로마를 상징하고 열 뿔은 적그리스도를 의미하는데, 이 모든 제국은 결국 하나님의 최후 심판으로 멸망할 것이고, 하나님은 예수님에게 영원한 권세와 영광과 나라를 주실 것입니다. 모든 종말론의 목적지는 메시아의 나라입니다. (교사는 설교집 169쪽, '다니엘을 통해 전하시는 그리스도의 나라'를 참고해 주세요.)

## 3. 세 번째 기둥: 70이레

성경읽기 다니엘서 9:20-27

다니엘은 2장 동상의 계시와 7장 짐승의 계시를 통하여 제국 시대 때부터 종말까지 하나님의 심판과 마지막에 도래할 메시아의 나라에 대해 알게 되었습니다. 그런데 한 가지 번민은 포로인 자신의 고향땅 이스라엘에 대한 이야기가 없다는 것이었습니다. 그래서 다니엘은 자기 민족을 위해 21일 동안 금식하며 기도합니다. '하나님, 우리나라는 어떻게 됩니까?' 그러자 하나님은 가브리엘 천사를 통하여 다니엘에게 70이레의 환상을 보여주십니다. 하나님이 유대인을 위해 정하신 기한이 70이레(1이레가 7년, 70×7=총 490년)인데, 이스라엘의 포로 귀환부터 시작해서 첫 7이레(49년) 동안 유대 민족은 예루살렘 성을 중건할 것이고, 그다음 62이레(434년) 동안 예수님이 사람으로 이 땅에 오셔서 십자가에서 죽으실 것입니다. 이후, 유대인의 시간은 잠시 끊어지고, 예루살렘은 이방인의 때가 차기까지 이방인들에게 밟힐 것입니다(눅 21:24). 그리고 마지막 1이레(7년)는 요한계시록으로 넘어가서, 적그리스도의 출현과 함께 유대인의 때가 다시 시작되고, 7년 대환란이 있을 것입니다(살후 2:1-4). 이때 이미 죽은 자들과 살아있는 성도들은 예수님의 공중 재림과 함께 휴거할 것입니다(살전 4:16-17). 그리고 공중의 원래 소유주인 사단은 지상으로 내려오면서 이 땅에는 7년 대환란이 있을 것입니다. 7년 대환란이 끝나고 마지막 1이레가 마치면, 예수님은 지상 재림하셔서 천년왕국의 시대를 여시고, 최후의 심판 이후에 영원한 메시아의 나라가 도래할 것입니다.

이것이 종말론의 전체 윤곽입니다. 종말론의 핵심은 요한계시록이 아니라, 다니엘서 9장의 70이레의 계시입니다. 이후의 요한계시록을 포함한 모든 종말론적 말씀은 다니엘서 9장의 계시를 더 자세하게 해설하는 것입니다. (교사는 설교집 172쪽, '7이레+62이레'를 참고해 주세요.)


## 3. 성도의 심령

**성경읽기**  요한계시록 22:20

나팔절이 임한 사람은 예수님의 재림을 붙잡으며 살아갑니다. 이것을 가리켜 '재림의 영'이라고 합니다. 나팔절의 재림의 영이 임한 사람은 종말론의 말씀을 붙잡고 메시아의 나라에 시선을 고정시키며 살아갑니다(히 11:34-37). 예수님의 재림은 모든 사람이 아는 것이 아니라, 하나님이 알려주시는 사람에게만 열리는 비밀입니다(고전 15:51). 재림의 영이 임한 사람에게는 몇 가지 중요한 현상이 나타납니다.

1. **예수님의 재림이 기다려집니다.** 재림의 영이 임하면, 예수님의 재림을 사모하는 현상이 일어납니다.

2. **예수님의 재림이 실감 납니다.** 재림의 영이 임하면, 예수님의 재림이 오래 걸리지 않을 것 같은 느낌이 들기 시작합니다.

3. **세상에 소망을 두지 않습니다.** 재림의 영이 임하면, 세상에 대하여 초연해집니다.

4. **환난에 대하여 초연합니다.** 재림의 영이 임하면, 사업이 망해도, 자녀가 대학에 떨어져도, 육신의 질병이 찾아와도 전혀 영향을 받지 않습니다.

5. **신부 단장을 합니다.** 재림의 영이 임하면, 예수님이 곧 오실 것 같기 때문에 죄에 대한 민감성이 생깁니다.

### ⇨ 나팔절의 재림의 영이 임하는 방법

재림의 영은 오직 성령을 통해 우리에게 임합니다. 예수님의 재림은 성령세례가 분명해야 확실해집니다. 성령세례 없이 구원만 받은 사람은 예수님이 어떻게 멀쩡한 대낮에 이 땅에 다시 내려오시는지 상식적으로 이해도 안 되고 실감도 나지를 않습니다. 하지만 성령세례를 받으면, 재림의 영이 임하기 시작합니다. 예수님의 재림이 실감 나기 시작합니다. 그래서 성령세례를 받아야 합니다.

**선포하기** 여러분은 재림의 영을 받기를 사모하시나요? 재림의 영이 임한 사람은 이 세상이 아니라 메시아의 나라를 붙잡고 살아갑니다. 다 같이 큰 목소리로 세 번 외쳐보겠습니다. **"재림의 영을 주시옵소서!"**
(교사는 모든 성도들이 큰 목소리로 삼창을 할 수 있도록 지도해 주세요.)

# 나팔절

## I. 구약 유대인

1.  **구약의 유대인들은 나팔절을 어떻게 지켰나요?**
    하나님은 일곱째 달 첫 날 나팔을 불어 이스라엘 백성에게 성회로 모이라고 말씀하십니다. 이 날부터 대속죄일(속죄절)까지 10일 동안 아무도 노동하지 않고, 성회에서 하나님에게 화제를 드리며 회개합니다. 나팔을 사용하여 이스라엘 백성을 성회로 모으는 절기를 가리켜 '나팔절(Feast of Trumpets)'라고 합니다.

## II. J.X 구속사

2.  **예수 그리스도의 구속사에서 나팔절은 무엇인가요?**
    나팔절은 하늘로 승천하신 예수님이 이 땅에 다시 오신다는 것을 의미합니다.

3. 예수님의 재림에 대하여 가장 정확하게 해석해 놓은 구약성 경 책은 무엇인가요?
   다니엘서입니다.

4. 다니엘서의 첫 번째 기둥은 무엇이며 그 해석은 무엇인가요?
   다니엘서 2장의 큰 동상의 환상입니다. 머리는 금, 가슴은 은, 배는 동, 두 다리는 철, 열 발가락은 흙과 철로 되어 있는 데, 갑자기 하늘에서 돌이 내려와 동상의 열 발가락을 치자, 동상 전체가 가루처럼 되어 타작마당의 재처럼 날아가 버리고 하늘에서 내려온 돌은 점점 커져서 세상 전체를 덮습니다. 머리는 바벨론, 가슴은 메대와 파사(페르시아), 배는 헬라, 두 다리는 동로마와 서로마, 그리고 마지막 열 발가락은 적그리스도의 나라인데, 예수님의 재림으로 이 세상의 역사는 다 가루처럼 없어지고 메시아의 나라가 태산을 이루어 온 세상을 덮어 천년왕국을 이룰 것입니다.

5. 다니엘서의 두 번째 기둥은 무엇이며 그 해석은 무엇인가요?
   다니엘서 7장의 네 짐승의 환상입니다. 큰 바다에서 네 마리의 짐승이 나오는데, 첫째는 사자, 둘째는 곰, 셋째는 표범, 넷째는 10개의 뿔이 머리에 달린 크고 무서운 짐승입니다. 네 짐승은 곧 바벨론, 메대와 바사(페르시아), 헬라, 로마를 상징하고 열 뿔은 적그리스도를 의미하는데, 이 모든 제국은 결국 하나님의 최후 심판으로 멸망할 것이고, 하나님은 예수님에게 영원한 권세와 영광과 나라를 주실 것입니다.

6.  다니엘서의 세 번째 기둥은 무엇이며 그 해석은 무엇인가요?

    다니엘서 9장의 70이레의 환상입니다. 하나님이 유대인을
    위해 정하신 기한이 70이레(1이레가 7년, 70×7=총 490년)
    인데, 이스라엘의 포로 귀환부터 시작해서 첫 7이레(49년)
    동안 유대 민족은 예루살렘 성을 중건할 것이고, 그다음 62
    이레(434년) 동안 예수님이 사람으로 이 땅에 오셔서 십자
    가에서 죽으실 것입니다. 이후, 유대인의 시간은 잠시 끊어
    지고, 예루살렘은 이방인의 때가 차기까지 이방인들에게 밟
    힐 것입니다(눅 21:24). 그리고 마지막 1이레(7년)는 요한
    계시록으로 넘어가서, 적그리스도의 출현과 함께 유대인의
    때가 다시 시작되고, 7년 대환란이 있을 것입니다(살후
    2:1-4). 이때 이미 죽은 자들과 살아있는 성도들은 예수님
    의 공중 재림과 함께 휴거할 것입니다(살전 4:16-17). 그리
    고 공중의 원래 소유주인 사단은 지상으로 내려오면서 이
    땅에는 7년 대환란이 있을 것입니다. 7년 대환란이 끝나고
    마지막 1이레가 마치면, 예수님은 지상 재림하셔서 천년왕
    국의 시대를 여시고, 최후의 심판 이후에 영원한 메시아의
    나라가 도래할 것입니다.

## III. 성도의 심령

7.  성도의 심령에 나타나는 나팔절의 역사는 무엇인가요?
    나팔절이 임한 사람은 예수님의 재림을 붙잡으며 살아갑니
    다. 이것을 가리켜 '재림의 영'이라고 합니다.

8.  재림의 영이 임한 사람에게는 어떤 현상이 나타나나요?
    예수님의 재림이 기다려지고, 예수님의 재림이 실감나고,
    세상에 소망을 두지 않고, 환난에 대하여 초연해지고, 신부
    단장을 합니다.

9.  어떻게 우리에게도 나팔절의 재림의 영이 임할 수 있나요?
    재림의 영은 오직 성령을 통해 우리에게 임합니다. 예수님
    의 재림은 성령세례가 분명해야 확실해집니다. 그래서 성령
    세례를 받아야 합니다.

**Q.** 여러분은 종말론에 대한 말씀을 들을 때 마음이 어떤가요?
두려움이 생기나요 아니면 기대감이 생기나요?

(교사는 성도들이 종말론을 정확하게 알고 있는지 확인해 주고, 만약에
두려움을 갖고 있는 성도가 있다면 종말론을 바르게 정립해 주세요.)

정확한 종말론을 알게 되면, 종말 때 오는 고난을 대하는 자세가
달라집니다. 다니엘서는 뜨인 돌이 모든 세상의 역사를 끝내고
온 지면을 가득채울 것이라고 말합니다(단 2:34-35). 이 돌은
예수님을 의미합니다. 그러므로 우리는 이미 이긴 전쟁을 하는
것과 다름이 없습니다. 정확한 종말론을 아는 사람들은 두려워
하는 것이 아니라, '마라나타, 우리 주여 오시옵소서!'라는 고백

이 나옵니다.

## Q. 여러분은 항상 재림을 준비하며 살고 있나요?

(교사는 성도들에게 우리는 이 땅에서 잠시 잠깐 사는 나그네와 같은 삶임을 기억하게 해 주세요. 이 땅이 아니라, 메시아의 나라에 소망을 두도록 대화를 이끌어 주세요.)

우리는 모든 생각, 행동, 사업, 가정, 목회 전체를 메시아의 나라에 걸고 해야 합니다. 메시아의 나라에 모든 것을 걸고 사는 사람은 이 땅에 소망을 두지 않고, 환난에 대하여 초연하고, 죄에 대하여 늘 회개하고 깨어있으므로 신부단장을 합니다.

**찬송하기** 주님 다시 오시네 곧 오시겠네, 마라나타
**기도하기** 재림의 영을 부어주시옵소서, 이 땅에 집중하지 않고 주님의 재림을 기다리며 준비하는 자가 되게 하옵소서 (주여 삼창 부르짖고 통성으로 기도합니다)

**6과**

# 속죄절

**찬송하기**  283장 나 속죄함을 받은 후
**기도하기**  주님, 속죄절이 우리의 심령 속에 임하게 하옵소서 (주여 삼창 부르짖고 통성으로 기도합니다)

**도표참조**  <7대 명절로 나타난 그리스도> 도표를 펴 봅시다. (교재 뒷장에 도표를 참조하세요.)
**복습하기**  '5과 나팔절'을 함께 복습해 봅시다.

## 題目: 七대 명절로 나타난 그리스도

[본문: 히 브 리 서 10장 1절] 1. 율법(구약은 장차 오는 좋은 일의 그림자요 참형상이 아니므로 해마다 늘 드리는바 같은 제사로는 나아오는 자들을 언제든지 온전케 할 수 없느니라
[본문: 고린도전서 5장 6~8절] 6. 너희의 자랑하는 것이 옳지 아니하도다 적은 누룩이 온 덩이리에 퍼지는 것을 알지 못하느냐
7. 너희는 누룩 없는 자인대 새 덩어리가 되기 위하여 묵은 누룩을 내어버리라 우리의 유월절 양 곧 그리스도께서 희생이 되셨느니라
8. 이러므로 우리가 명절을 지키되 묵은 누룩도 말고 괴악하고 악독한 누룩도 말고 오직 순전함과 진실함의 누룩 없는 떡으로 하자

| | 유월절 | 무교절 | 초실절 | 오순절 | 나팔절 | 속죄절 | 장막절 |
|---|---|---|---|---|---|---|---|
| **(구약) 유대인** | 그리스도의 십자가 | 그리스도의 무덤 | 그리스도 부활 | 그리스도의 성령을 부어주심 | 그리스도의 재림 | 그리스도의 나라를 바침 | 그리스도의 천년왕국 |
| **J.X구속사** | 요 1:29 요 19:32~36 | 마 12:38~40 | 고전 15:20~ 요 20:17 | 행 2:1~4 욜 2:28 | 마 24:30~31 고전 15:51 살전 4:16 | 단 12:5~13 단 9:23~25 계 5:9~12 | 계 21:1~8 고후 5:1~4 |
| **성도의 심령에 나타날 복음사건** | 구 원 출 12:1~ 벧전 1:2 계 1:5 | 성 화 자아의 파쇄 겉사람 처리 고전 5:7~11 계 6:34,52 | 영의부활 삶의 부활 최후의 부활 롬 8:11 요 5:24~30 | 성령의 세례 성령의 부어주심 요 7:37 | 재림신앙 주님의 재림을 사모함 히 10:37 | 성도를 성결케함 흠도없이 티도없는 성결한 성도 계 15:2 | 하나님의 나라를 이룸 하나님의 나라를 먼저 누림 |

# 속죄절

## 1. 구약 유대인

**성경읽기** 레위기 23:26-32

속죄절은 모세와 이스라엘 백성으로부터 처음 시작되었습니다. 출애굽 이후, 모세는 시내산에서 십계명을 가지고 내려오지만, 이스라엘 백성은 금송아지를 숭배하여 하나님의 진노를 받고 죽임을 당합니다. 이후 모세가 다시 시내산에 올라가 40일을 금식하고 토라(모세오경)를 받아서 내려온 날이 히브리력 7월 10일 속죄절(대속죄일)입니다. 하나님이 이스라엘 백성에게 다시 십계명을 주신다는 것은 이스라엘의 죄를 용서한다는 의미입니다. 이것을 기념하여 해마다 히브리력 7월 10일 속죄를 구하는 절기가 '속죄절(Feast of Atonement)'입니다.

**성경읽기** 레위기 16:1-10

속죄절은 대제사장이 1년 중 유일하게 지성소에 들어갈 수 있는 날입니다. 대제사장은 자신의 죄와 백성의 죄를 위한 짐승의 피를 가지고 들어가 모든 죄를 사함 받습니다. 이후 두 염소를 제비 뽑되, 한 제비는 하나님을 위하여 속죄제로 드리고, 한 제비는 아사셀(떠나보냄)을 위하여 그 머리 위에 대제사장이 안수하여 백성의 죄를 전가한 후, 광야에 풀어놓아 죽임 당함으로 이스라엘의 모든 죄가 사함 받았습니다(레 16:8-10).

## 2. J.X 구속사

**성경읽기** 요한계시록 14:14-16

속죄절은 대제사장 예수님이 재림하실 때, 알곡과 쭉정이를 가리실 것을 의미합니다. 예수님은 구원 농사를 다 지으신 후, 키질을 통해 유월절에서 나팔절까지 임한 진짜 성도들을 가짜 성도들로부터 분리하여 총결산하실 것입니다. 속죄절은 장막절 곧 천년왕국을 준비하는 기간입니다.

---

### 키질

'키질'은 가을 농사를 추수할 때, 추수한 알곡을 쭉정이로부터 분리시키는 방법을 의미합니다. 납작한 대에 곡식을 담고 까부르면, 가벼운 것은 날아가고 무거운 것은 뒤로 모이게 됩니다. 키질을 하면, 알곡은 바람이 셀수록 안으로 들어옵니다. 반면에, 쭉정이는 바깥으로 날아갑니다. 결국 키질이

---

끝나면, 알곡만 남습니다. 알곡은 부대에 담고, 쭉정이는 불에 태워집니다. 이와 같이, 예수님이 이 땅에 재림하실 때 모든 인간을 알곡과 쭉정이로 가리신다는 것입니다. 세상의 농사도 알곡과 쭉정이가 있는 것처럼, 신앙의 농사도 알곡과 쭉정이가 있습니다.

## 3. 성도의 심령

성경읽기   마태복음 3:12

성도의 심령에 나타나는 속죄절의 역사는 '알곡'이 되는 것입니다. 성경이 말하는 알곡의 정의는 세상이 말하는 것과 많이 다릅니다. 세상에서는 '저 사람은 법 없어도 사는 사람이야'라는 소리를 들을 정도로 착한 사람을 두고 알곡이라고 하겠지만, 성경이 말하는 알곡은 전혀 다릅니다. 알곡은 하나님과의 관계성을 가지고 유월절부터 나팔절까지 임한 사람입니다. (교사는 설교집 163, '교회에 오면 생기는 용어의 혼선'을 참고해 주세요.)

### ⇨ 속죄절의 알곡이 되는 방법

성경읽기   마태복음 3:11

시험이 올 때 예수님을 더욱 사모해야 합니다. 신앙생활을 한다고 모든 성도를 알곡이라고 볼 수 없습니다. 예수님은 재림 날 알곡과 쭉정이를 가리시기 전에 우리를 먼저 키질하십니다. 예수님이 우리를 키에 넣어서 바람을 일으키시는데, 이것은 곧 시험입니다. 바람이 일어날 때, 예수님으로부터 점점 멀어지는 사람은 쭉정이가 되고, 시험이 올 때 예수님을 더욱 사모하는 사람은 알곡이 되는 것입니다. 이것은 사람의 능력이 아니라, 성령세례의 능력입니다. 성령세례가 임한 사람은 어려운 일이 생겼을 때, '아, 예수님이 나를 키질하시는구나.'라고 생각하고, 더욱더 기도의 자리로 나아갑니다. 그러므로 오순절의 성령의 불을 받아야 합니다.

## ⇨ 속죄절이 임한 사람에게 나타나는 현상

**성경읽기** 마태복음 3:11

속죄절이 임한 사람은 시험이 찾아왔을 때도 예수님을 찾지만, 죄를 지었을 때도 예수님을 찾아 재빨리 회개합니다. 보통 사람은 교회를 다니면서 양심도 맑아지고 성령 충만도 받지만, 자신의 신경질과 혈기를 회개하는 데 1년이 걸립니다. 결국 회개하지 않은 죄 때문에 구원의 기쁨도 잃어버리게 됩니다. 하지만 속죄절이 임한 사람은 죄를 잘 짓지도 않지만, 지은 죄를 회개하는 데 5분도 걸리지 않습니다. 회개의 능력이 임하여, 흠도 티도 없는 성도로 성결케 됩니다.

**선포하기** 알곡은 유월절에서 나팔절까지 임한 사람입니다. 시험이
찾아왔을 때, 예수님을 더욱 사모하는 사람이 알곡입니
다. 다 같이 큰 목소리로 세 번 외쳐보겠습니다. **"알곡이
되고, 쭉정이 되지 맙시다!"**
(교사는 모든 성도들이 큰 목소리로 삼창을 할 수 있도록 지
도해 주세요.)

(복습질문)

# 속죄절

## I. 구약 유대인

1. **구약의 속죄절은 무엇을 기념하는 절기인가요?**

   속죄절은 모세와 이스라엘 백성으로부터 처음 시작되었습
   니다. 출애굽 이후, 모세는 시내산에서 십계명을 가지고 내
   려오지만, 이스라엘 백성은 금송아지를 숭배하여 하나님의
   진노를 받고 죽임을 당합니다. 이후 모세가 다시 시내산에
   올라가 40일을 금식하고 토라(모세오경)를 받아서 내려온
   날이 히브리력 7월 10일 속죄절(대속죄일)입니다. 하나님
   이 이스라엘 백성에게 다시 십계명을 주신다는 것은 이스라
   엘의 죄를 용서한다는 의미입니다. 이것을 기념하여 해마다
   히브리력 7월 10일 속죄를 구하는 절기가 '속죄절(Feast of
   Atonement)'입니다.

2. **구약의 유대인들은 속죄절을 어떻게 지켰나요?**

   속죄절은 대제사장이 1년 중 유일하게 지성소에 들어갈 수

있는 날입니다. 대제사장은 자신의 죄와 백성의 죄를 위한 짐승의 피를 가지고 들어가 모든 죄를 사함 받습니다. 이후 두 염소를 제비 뽑되, 한 제비는 하나님을 위하여 속죄제로 드리고, 한 제비는 아사셀(떠나보냄)을 위하여 그 머리 위에 대제사장이 안수하여 백성의 죄를 전가한 후, 광야에 풀어 놓아 죽임 당함으로 이스라엘의 모든 죄가 사함 받았습니다 (레 16:8-10).

## II. J.X 구속사

3.  예수 그리스도의 구속사에서 속죄절은 무엇인가요?
    속죄절은 대제사장 예수님이 재림하실 때, 알곡과 쭉정이를 가리실 것을 의미합니다. 예수님은 구원 농사를 다 지으신 후, 키질을 통해 유월절에서 나팔절까지 임한 진짜 성도들을 가짜 성도들로부터 분리하여 총결산하실 것입니다.

## III. 성도의 심령

4.  성도의 심령에 나타나는 속죄절의 역사는 무엇인가요?
    속죄절의 역사는 '알곡'이 되는 것입니다. 성경이 말하는 알곡의 정의는 세상이 말하는 것과 많이 다릅니다. 세상에서

는 '저 사람은 법 없어도 사는 사람이야'라는 소리를 들을 정
도로 착한 사람을 두고 알곡이라고 하겠지만, 성경이 말하
는 알곡은 전혀 다릅니다. 알곡은 하나님과의 관계성을 가
지고 유월절부터 나팔절까지 임한 사람입니다.

5. 어떻게 우리도 속죄절의 알곡이 될 수 있나요?
시험이 올 때 예수님을 더욱 사모해야 합니다. 이것은 사람
의 능력이 아니라, 성령세례의 능력입니다. 그러므로 오순
절의 성령의 불을 받아야 합니다.

6. 속죄절이 임한 사람에게는 어떤 현상이 나타나나요?
속죄절이 임한 사람은 시험이 찾아왔을 때도 예수님을 찾지
만, 죄를 지었을 때도 예수님을 찾아 재빨리 회개합니다. 속
죄절이 임한 사람은 죄를 잘 짓지도 않지만, 지은 죄를 회개
하는 데 5분도 걸리지 않습니다. 회개의 능력이 임하여, 흠
도 티도 없는 성도로 성결케 됩니다.

**Q. 여러분은 시험이 찾아왔을 때, 어떻게 반응하고 있나요? 예수님이 키질하실 때, 알곡인가요 아니면 쭉정이인가요?**

(교사는 성도들이 지금 어떤 시험을 당하고 있는지 들어주고, 그 시험에 대해 어떻게 반응하고 있는지 스스로 돌아볼 수 있도록 도와주세요. 만약 쭉정이처럼 반응해 왔다면, 어떻게 알곡처럼 반응할 수 있는지 가르쳐 주세요.)

예수님은 재림날 알곡과 쭉정이를 가리시기 전에 우리를 먼저 키질하십니다. 예수님이 우리를 키에 넣어서 바람을 일으키시는데, 이것은 곧 시험입니다. 이때, 알곡과 쭉정이의 반응은 다릅니다.

<두 가지 반응>

**알곡:** '아, 예수님이 나를 키질하시는구나. 여기에서 물러나면 안 되겠다.' (알곡은 시험이 올수록 더욱더 기도의 자리로 나아가 성령님에게 이길 힘을 구합니다.)

**쭉정이:** '에이, 재수없어. 교회 다녀봤자 되는 일이 하나도 없네.' (쭉정이는 시험이 닥치면 교회와 예배, 기도, 말씀, 목사님을 멀리하며 예수님과 점점 멀어집니다.)

(교사는 본인의 간증을 통해, 하나님은 모든 시험 가운데 우리를 만지고 계신다는 것을 알려주세요. 시험이 찾아오는 것은 하나님 때문이 아니라, 우리의 겉사람을 처리하고 장차 나타날 영광을 위한 것임을 가르쳐 주세요(롬 8:18). 시험을 이기는 것은 사람의 힘이 아니라, 오직 예배와 말씀과 기도를 통한 성령님의 능력임을 강조해 주세요. 마지막으로 교사는 성도들이 앞으로 어떻게 '알곡'의 신앙생활을 할 수 있는지 구체적인 결단을 할 수 있도록 인도해 주세요.)

예시: 예배참석, 작정기도, 성경읽기


**찬송하기** 외롭지 않아(세상 때문에 눈물 흘려도) or 사람을 보며 세상을 볼 때

**기도하기** 주님, 시험이 찾아올 때 물러서지 않고 더욱더 예수님을 가까이하게 하옵소서, 속죄절의 알곡이 되게 하옵소서 (주여 삼창 부르짖고 통성으로 기도합니다)

## (7과)

# 장막절

**찬송하기** 236장 세상 모든 수고 끝나

**기도하기** 주님, 장막절이 우리의 심령 속에 임하게 하옵소서 (주여 삼창 부르짖고 통성으로 기도합니다)

**도표참조** <7대 명절로 나타난 그리스도> 도표를 펴 봅시다. (교재 뒷장에 도표를 참조하세요.)

**복습하기** '6과 속죄절'을 함께 복습해 봅시다.

## 題目: 七대 명절로 나타난 그리스도

[본문 : 히 브 리 서 10장 1절] 1. 율법(구약)은 장차 오는 좋은 일의 그림자요 참형상이 아니므로 해마다 늘 드리는바 같은 제사로는 나아오는 자들을 언제든지 온전케 할수 없느니라
[본문 : 고린도전서 5장 6~8절] 6. 너희의 자랑하는 것이 옳지 아니하도다 적은 누룩이 온 덩어리에 퍼지는 것을 알지 못하느냐
7. 너희는 누룩 없는 자인데 새 덩어리가 되기 위하여 묵은 누룩을 내어버리라 우리의 유월절 양 곧 그리스도께서 희생이 되셨느니라
8. 이러므로 우리가 명절을 지키되 묵은 누룩도 말고 괴악하고 악독한 누룩도 말고 오직 순전함과 진실함의 누룩 없는 떡으로 하자

| | 유월절 | 무교절 | 초실절 | 오순절 | 나팔절 | 속죄절 | 장막절 |
|---|---|---|---|---|---|---|---|
| | πασχα 파스카<br>חספ 페사흐 | αζυμος 아쥐모스<br>מצות 마조트 | αρχη θερισμου<br>아르케이 데리스무<br>עמר ראשית<br>오메르 레이쉬트 | πεντηκοστη<br>펜테코스테<br>שבעות 사브오트 | ο πρωτος του ετου<br>호 프로토스 투 에투<br>ראש השנה<br>로쉬하사나 | ημερα εξιλασμου<br>헤메라 엑시라스무<br>יום כיפור<br>욤 키푸르 | σκηνη 스케네<br>סכות 수코트 |
| **〈구약〉<br>유대인** | [일시] 1월 14<br>[명칭] 과월절<br>[예시내용]<br>1.어린양의 죽음<br>2.우슬초로 문 인방과<br>좌우 설주에 피바름<br>[성경]<br>레23:4~5 / 고12:1~<br>신16:1,3~6 / 출12,13,21~28 | [일시] 1월 15~22<br>[명칭]<br>무교병<br>무교병은 고난의 떡을<br>뜻하였음 아쉽된 곡식 빵<br>[성경]<br>신16:3 / 고전8:8 / 벧3<br>레23:6~8 | [일시] 유월절 안식일 다음날<br>[명칭]<br>[예시내용]<br>첫열매와 거두어 바치며<br>손과흔들어 흔들어 금긴 벡을<br>제사장에게 가져감<br>[성경]<br>신23:19 / 레23:9~14 | [일시] 3월 6일<br>[명칭] 칠칠절, 맥추절<br>[예시내용]<br>고운가루에 누룩을 섞어 구운<br>두 덩어리의 떡으로써 새.사장은<br>이것을 흔들었으며<br>[성경]<br>레16:10 / 레23:15~22 | [일시] 7월 1일<br>[명칭]<br>1.화잔을 소집하며 진을 전폐케<br>함메<br>2.기름이 없는 번제와 제배<br>나팔을불음<br>[성경]<br>레16:30 / 레23:26~32 | [일시] 7월 10일<br>[명칭]<br>매년 유일한 안드로 가지고 들어가<br>속죄소 앞에 뿌려 피 뿌림<br>[성경]<br>민29:7-11 / 레23:23~25 / 신29:1~6<br>레23:9 | [일시] 7월 15~22일<br>[명칭] 초막절, 수장절<br>[예시내용]<br>우사와 포도를 거두어 들이던<br>축절하던 시절<br>[성경]<br>출23:16 / 레23:33~44 / 신16:13 |
| **J.X구속사** | **그리스도의<br>십자가**<br>요 1:29<br>요 19:32~36 | **그리스도의<br>무덤**<br>마 12:38~40 | **그리스도의<br>부활**<br>고전 15:20~<br>요 20:17 | **그리스도의<br>성령을 부어주심**<br>행 2:1~4<br>욜 2:28 | **그리스도의<br>재림**<br>마 24:30~31<br>고전 15:51<br>살전 4:16 | **그리스도의<br>나라를 바침**<br>단 12:5~13<br>단 9:23~25<br>계 5:9~12 | **그리스도의<br>천년왕국**<br>계 21:1~8<br>고후 5:1~4 |
| **성도의<br>심령에<br>나타날<br>복음사건** | **구 원**<br>출 12:1~<br>벧전 1:2<br>계 1:5 | **성 화**<br>자아의 파쇄<br>결사람 처리<br>고전 5:7~11<br>요 6:34,52 | **영의부활**<br>삶의 부활<br>최후의 부활<br>롬 8:11<br>요 5:24~30 | **성령의 세례**<br>성령의 세례<br>부어주심<br>요 7:37 | **재림신앙**<br>주님의 재림을<br>사모함<br>히 10:37 | **성도를<br>성결케함**<br>흠도없이 티도없는<br>성결한 성도<br>계 15:2 | **하나님의<br>나라를 이룸**<br>하나님의 나라를<br>먼저 누림 |

# 장막절

## 1. 구약 유대인

**성경읽기** 레위기 23:33-44

장막절은 모세와 이스라엘 백성으로부터 처음 시작되었습니다. 출애굽 이후, 모세가 시내산에서 토라(모세오경)를 받아올 동안에 금송아지를 숭배한 이스라엘 백성은 하나님의 진노를 받습니다. 하지만 하나님은 이들의 죄를 사하여 주시고, 이후 시내산에서 다시 한번 모세에게 토라를 주시고, 이스라엘 백성 가운데 거할 성소를 지으라고 말씀하십니다(출 25:1-9). 이스라엘 백성은 성막을 완성하기 위해 기쁜 마음으로 참여합니다(출 36:5-7). 이날을 기념하는 절기가 '장막절(Feast of Tabernacles)'입니다.

### 구약 유대인의 장막절

이스라엘 백성들은 7월 1일 나팔절부터 속죄절(대속죄일)까지 열흘 동안 회개하고, 마지막 10일째 되는 저녁에 대제사장이 나팔을 불어 모든 백성의 죄 사함을 선포하면, 그날부터 14일까지 4일 동안 초막을 지었습니다. 그리고 15일부터 7일간 초막 안에서 장막절을 지내면서 번제를 드리고, 마지

> 막 일곱째 날 저녁에는 잠을 자지 않고 다음 8일째를 맞이하여 거룩한 성회를 열었습니다.

## 2. J.X 구속사

**성경읽기** 요한계시록 21:1-8

장막절은 하나님의 장막이 이 땅으로 내려오는 것을 의미합니다. 이것을 가리켜 '천년왕국'이라고 합니다. 예수님의 재림과 동시에 이 땅에서는 천년왕국이 시작될 것입니다(계 20:4-6). 천년왕국은 최후의 심판 이전에 예수님이 지상에 재림하셔서 직접 통치하시는 천 년의 기간을 의미합니다. 천 년 동안 사단은 무저갱에 결박돼 있고, 예수님을 믿고 구원받은 모든 성도는 예수님과 함께 왕 노릇을 할 것입니다. 천년왕국이 끝나면, 최후의 심판에서 모든 사람은 예수님의 오른편에 있는 자들과 왼편에 있는 자들로 나뉠 것입니다. 그리고 예수님은 오른편에 있는 자들에게 창세부터 하나님이 성도들을 위하여 예비하신 메시아의 나라를 상속해 주실 것입니다. (교사는 설교집 172쪽, '7이레+62이레'를 참고해 주세요.)

## 하나님의 설계도의 종착역: 메시아의 나라

사람도 집을 지을 때 설계도를 세워서 하듯이, 하나님도 이 세상을 창조하실 때 즉흥적으로 하지 않으시고 설계도를 세우셨습니다(히 11:10). 천지를 창조하실 때부터 하나님은 모든 역사의 종착점을 메시아의 나라에 두고 이 세상을 설계하셨습니다. 하나님은 메시아의 나라에 들어갈 성도의 수를 정해 놓으시고, 그 충만한 수가 들어오기까지 구약시대의 성도들과 신약시대의 성도들을 구원시키고 계십니다. 그리고 그중에서, 하나님은 여러분을 선발하셔서 마지막 종착지점인 메시아의 나라로 인도하고 계십니다. 그 과정 속에는 사단의 역사도 있지만, 여러분의 인생 가운데 일어나는 모든 일은 결국 메시아의 나라—새 예루살렘의 주인공으로 만들기 위한 과정입니다. (교사는 설교집 175쪽, '천년왕국은 하나님의 설계도의 종착역'을 참고해 주세요.)

## 3. 성도의 심령

**성경읽기** 고린도후서 5:1-4

성도의 심령에 나타나는 장막절의 역사는 예수님의 재림 때 일어날 천년왕국을 앞당겨서 누리는 것입니다. 천년왕국이 도래하기도 전에 이 세상을 천년왕국처럼 사는 삶입니다. 천년왕국에서 예수님을 믿고 구원받은 모든 성도가 예수님과 함께 왕 노릇을 하듯이, 장막절이 임한 사람은 이 땅에서 왕 노릇을 하는 자가 됩니다(마 25:34).

## 천년왕국을 앞당겨서 누린 구약 인물들

### 1. 요셉

요셉은 아버지 야곱이 14년을 수고하여 얻은 아내 라헬의 첫 번째 아들이자, 야곱의 12명의 아들들 중 11번째 아들로서, 야곱의 총애와 사랑을 받았습니다. 그런데 형들에 의해 애굽의 노예로 팔려 바로의 신하 친위대장 보디발의 집에서 일하게 됩니다. 그럼에도 불구하고, 요셉은 원망하지 않고 충성을 다하여 하나님이 그와 함께 동행하십니다. 그런데 보디발의 아내로 인한 억울한 누명으로 감옥에 들어가게 됩니다. 그곳에서도 요셉은 원망하지 않고 최선을 다하여 하나님이 그와 함께 동행하십니다. 감옥에서 관원장들의 꿈을 해석해 주고, 결국 바로의 꿈까지 해석해 주면서, 7년의 풍년과 7년의 흉년을 대비하는 모든 일을 맡게 됩니다. 이렇게 요셉은 하루아침에 감옥의 죄수에서, 애굽의 총리로 부활하여 왕 노릇 하는 자가 됩니다. 바로는 요셉에게 높은 이름을 주고, 자신의 버금 수레를 태우고, 자신의 인장 반지를 껴줘서 애굽의 모든 결제권을 넘깁니다. 이것이 바로 장막절의 천년왕국이 임한 사람의 모습입니다.

## 2. 다윗

다윗은 베들레헴 사람 이새의 일곱 번째 아들로, 제사장 사무엘에게 이스라엘의 왕으로 기름 부음을 받고 그날 이후로 여호와의 영에게 크게 감동됩니다. 블레셋 거인 골리앗을 물맷돌로 죽이고, 사울의 군대장관으로 임명됩니다. 하지만 얼마 가지 않아서 사울 왕의 시기 질투로 인해 자신을 죽이려는 사울 왕을 피하러 적어도 10년을 도망 다닙니다. 그러다가 하루는 군인 삼천 명을 거느리며 다윗을 죽이려고 다니던 사울이 우연히 다윗이 숨어있는 엔게디 굴속에 혼자 들어가게 됩니다. 이때 다윗을 따르는 자들은 사울을 죽이라고 재촉합니다. 사람의 본능적인 뜻으로는 자신이 살기 위해서는 당장 나를 위협하는 사람을 죽이는 것이 맞습니다. 지금 사울을 죽이지 않으면 다윗은 언젠간 죽임을 당할지 모르며, 지금 사울을 죽이면 다윗의 고난은 단번에 끝납니다. 하지만 다윗은 자신의 뜻을 하나님 앞에 반납하고, 사울 왕을 죽이지 않습니다. 그 이후, 사울은 블레셋 사람들에게 패하여 스스로 목숨을 거두고, 하나님은 다윗을 7년 동안 헤브론의 왕으로 삼으시고, 이후에 이스라엘의 정식 왕으로 세우십니다. 다윗은 죽기도 전에 이 땅에서 천년왕국의 삶을 살았습니다.

### ⇨ 장막절의 천년왕국이 임하는 방법
### 1. 유월절부터 장막절까지 심령에 임해야 합니다.

형제들에 의해 노예로 팔리고 감옥의 죄수였던 요셉은 어떻게 30세에 애굽의 전체를 다스리는 총리가 될 수 있었을까요? 유월절부터 장막절까지 통과했기 때문입니다. 다윗도 마찬가지입니다. 베들레헴의 가장 낮은 마을에서 태어나고, 왕으로부터 10년이 넘도록 도망자 생활을 한 다윗이 어떻게 30세에 헤브론의 왕과 7년 후에는 이스라엘의 왕이 될 수 있었을까요? 유월절부터 장막절까지 온전히 통과했기 때문입니다. 우리도 성령을 통하여 유월절부터 장막절까지 이루어야 합니다.

### 2. 천국에 갈 때까지 새 예루살렘을 붙잡고 살아야 합니다.

새 예루살렘에 눈을 고정시키고 삽니다(고후 5:1-4). 새 예루살렘에서 눈이 떨어진 사람은 반드시 부패하고 사단의 장난감이 되지만, 새 예루살렘을 붙잡는 사람은 반드시 장막절까지 통과하여 천년왕국을 이 땅에서도 누립니다. (교사는 설교집 183쪽, '새 예루살렘에 항상 눈을 고정하고 살자'를 참고해 주세요.)

**선포하기** 하나님의 설계도의 종착역은 새 예루살렘입니다. 우리는 새 예루살렘을 바라보며 7대 명절을 모두 통과해야겠습니다. 다 같이 큰 목소리로 세 번 외쳐보겠습니다. **"새 예루살렘을 바라보자!"**
(교사는 모든 성도들이 큰 목소리로 삼창을 할 수 있도록 지도해 주세요.)

# 장막절

## I. 구약 유대인

1. 구약의 장막절은 무엇을 기념하는 절기인가요?

   출애굽 이후, 모세가 시내산에서 토라(모세오경)를 받아올 동안에 금송아지를 숭배한 이스라엘 백성은 하나님의 진노를 받습니다. 하지만 하나님은 이들의 죄를 사하여 주시고, 이후 시내산에서 다시한번 모세에게 토라를 주시고, 이스라엘 백성 가운데 거할 성소를 지으라고 말씀하시고(출 25:1-9), 이스라엘 백성은 성막을 완성하기 위해 기쁜 마음으로 참여합니다(출 36:5-7). 이 날을 기념하는 절기가 '장막절(Feast of Tabernacles)'입니다.

## II. J.X 구속사

2. 예수 그리스도의 구속사에서 장막절은 무엇인가요?

장막절은 하나님의 장막이 이 땅으로 내려오는 것을 의미합니다. 이것을 가리켜 '천년왕국'이라고 합니다.

3. 천년왕국은 무엇인가요?

천년왕국은 최후의 심판 이전에 예수님이 지상에 재림하셔서 직접 통치하시는 천년의 기간을 의미합니다. 천년 동안 사단은 무저갱에 결박 돼 있고, 예수님을 믿고 구원받은 모든 성도는 예수님과 함께 왕 노릇을 할 것입니다. 천년왕국이 끝나면, 최후의 심판에서 모든 사람은 예수님의 오른편에 있는 자들과 왼편에 있는 자들로 나뉠 것입니다. 그리고 예수님은 오른편에 있는 자들에게 창세부터 하나님이 성도들을 위하여 예비하신 메시아의 나라를 상속해 주실 것입니다.

4. 하나님의 설계도의 종착역은 어디인가요?

메시아의 나라(새 예루살렘)입니다.

## III. 성도의 심령

5. 성도의 심령에 나타나는 장막절의 역사는 무엇인가요?

성도의 심령에 나타나는 장막절의 역사는 예수님의 재림 때 일어날 천년왕국을 앞당겨서 누리는 것입니다. 천년왕국이 도래하기도 전에 이 세상을 천년왕국처럼 사는 삶입니다.

천년왕국에서 예수님을 믿고 구원받은 모든 성도가 예수님과 함께 왕 노릇을 하듯이, 장막절이 임한 사람은 이 땅에서 왕 노릇을 하는 자가 됩니다.

6. **구약성경에서 천년왕국을 앞당겨서 누린 대표적인 인물이 누구인가요?**
요셉과 다윗입니다.

7. **어떻게 우리 삶속에도 장막절의 천년왕국이 일어날 수 있나요?**

**(1)유월절부터 장막절까지 심령에 임해야 합니다.**
형제들에 의해 노예로 팔리고 감옥의 죄수였던 요셉은 어떻게 30세에 애굽의 전체를 다스리는 총리가 될 수 있었을까요? 유월절부터 장막절까지 통과했기 때문입니다. 다윗도 마찬가지입니다. 베들레헴의 가장 낮은 마을에서 태어나고, 왕으로부터 10년이 넘도록 도망자 생활을 한 다윗이 어떻게 30세에 헤브론의 왕과 7년 후에는 이스라엘의 왕이 될 수 있었을까요? 유월절부터 장막절까지 온전히 통과했기 때문입니다. 우리도 성령을 통하여 유월절부터 장막절까지 이루어야 합니다.

**(2)천국에 갈 때까지 새 예루살렘을 붙잡고 살아야 합니다.**

새 예루살렘에 눈을 고정시키고 삽니다. 새 예루살렘에서 눈이 떨어진 사람은 반드시 부패하고 사단의 장난감이 되지만, 새 예루살렘을 붙잡는 사람은 반드시 장막절까지 통과하여 천년왕국을 이 땅에서도 누립니다.

나눔질문

**Q.** 장막절이 임한 사람은 천년왕국의 다스리는 삶을 살기 시작합니다. 여러분의 삶 속에 다스림의 역사가 일어나고 있나요?

(교사는 성도들이 나누기 전에 스스로를 솔직히 돌아볼 수 있도록 시간을 주세요. 삶의 모든 부분에 다스림의 권세가 나타나지 않아도, 부분적으로 있다면 나누도록 격려해 주세요.)

예시: "저는 물권(물질을 다스리는 권세)이 회복되었습니다."
예시: "저는 인권(사람을 다스리는 권세)이 회복되었습니다."
예시: "저는 영권(사단을 다스리는 권세)이 회복되었습니다."

**Q.** 만약 여러분의 삶속에 다스림의 역사가 아직 일어나고 있지 않다면, 어떻게 해야 할까요?

(교사는 성도마다 신앙의 현주소를 돌아볼 수 있는 시간을 주고, 돌아가면서 한 명씩 나누도록 인도해 주세요.)

우리의 삶속에 천년왕국의 다스림의 역사가 일어나기 위해서는 유월절부터 장막절까지 하나도 빠짐없이 온전히 통과해야 합니다. 지금부터 각자 신앙의 현주소를 점검해 보겠습니다.

1. 유월절 - 구원
2. 무교절 - 성화(죽음, 무덤)
3. 초실절 - 부활
4. 오순절 - 성령세례
5. 나팔절 - 재림 신앙(재림의 영)
6. 속죄절 - 알곡 신앙(회개의 영)
7. 장막절 - 천년왕국의 다스림

(교사는 기도하면서 성도마다 지금 무엇을 순종해야 하는지 구체적으로 제시해 주고, 다음 단계로 넘어갈 수 있도록 격려해 주세요.)

**찬송하기** 주님 한분 밖에는(나는 행복해요), 사막에 샘이 넘쳐 흐르리라

**기도하기** 주님, 7대 명절을 주셔서 감사합니다, 마지막 새 예루살렘까지 꼭 붙잡게 해 주셔서 한 사람도 탈락하지 않고 최후의 승리자가 되게 하여 주시옵소서 (주여 삼창 부르짖고 통성으로 기도합니다)

# 7대 명절로 나타난 그리스도

**찬송하기** 살아계신 주
**기도하기** 주님, 7대 명절을 주심에 감사드립니다 (주여 삼창 부르짖고
통성으로 기도합니다)

정리하기 7대 명절을 정리해 봅시다. (교재 뒷장에 빈 도표를 채워보세요.)

## 題目:七대 명절로 나타난 그리스도

[본문 : 히 브 리 서 10장 1절] 1. 율법(구약)은 장차 오는 좋은 일의 그림자요 참형상이 아니므로 해마다 늘 드리는바 같은 제사로는 나아오는 자들을 언제든지 온전케 할 수 없느니라
[본문 : 고린도전서 5장 6~8절] 6. 너희의 자랑하는 것이 옳지 아니하도다 적은 누룩이 온 덩어리에 퍼지는 것을 알지 못하느냐
7. 너희는 누룩 없는 자인데 새 덩어리가 되기 위하여 묵은 누룩을 내어버리라 우리의 유월절 양 곧 그리스도께서 희생이 되셨느니라
8. 이러므로 우리가 명절을 지키되 묵은 누룩과 괴악하고 악독한 누룩도 말고 오직 순전함과 진실함의 누룩 없는 떡으로 하자

| | 유월절 | 무교절 | 초실절 | 오순절 | 나팔절 | 속죄절 | 장막절 |
|---|---|---|---|---|---|---|---|
| | πασχα 파스카<br>חספ 페사흐 | αζυμος 아쥐모스<br>תוצמ 마쪼트 | αρχη θεριομου<br>아르케이 테리스무<br>תישאר רמע<br>오메르 레이쉬트 | πεντηκοστη<br>펜테코스테<br>תועבש<br>샤부오트 | ο πρωτος του ετου<br>호 프로토스 투 에투<br>הנשה שאר<br>로쉬하샤나 | ημερα εξιλασμου<br>헤메라 엑시라스무<br>רופכ םוי<br>욤 키프르 | σκηνη 스케네<br>תוכס 수코트 |
| 〈구약〉<br>유대인 | | | | | | | |
| J.X구속사 | | | | | | | |
| 성도의<br>심령에<br>나타날<br>복음사건 | | | | | | | |

(교사는 성도들이 '7대 명절로 나타난 그리스도'의 내용을 정확하게 파악했는지 확인해 주세요. 부연 설명이 필요하다면, 설명해 주세요.)

**적용하기** 7대 명절 중에서, 여러분의 신앙의 현주소는 어디인가요? 도표에 동그라미를 그려 보세요.
(교사는 성도들이 자신의 신앙의 현주소를 발견할 수 있도록 도와주세요.)

**나눔하기** <7대 명절로 나타난 그리스도>를 배우면서 삶에 일어난 변화들에 대해 한 명씩 돌아가면서 나눠 보세요.
(교사는 성도들이 나누는데 부담스럽지 않을 수 있도록, 먼저 짧게 나눠 주세요.)

**찬송하기** 나 주님의 기쁨 되기 원하네
**기도하기** (서로의 기도 제목을 나누고, 주여 삼창 부르짖고 통성으로 기도합니다)

# 題目:七大 명절로 나타난 그리스도

[본문] 히 브 리 서 10장 1절 1. 율법(구약)은 장차 오는 좋은 일의 그림자요, 참형상이 아니므로 해마다 늘 드리는바 같은 제사로는 나아오는 자들을 언제든지 온전케 할 수 없느니라
[설교] 고린도전서 5장 6~8절 6. 너희의 자랑하는 것이 옳지 아니하도다 적은 누룩이 온 덩어리에 퍼지는 것을 알지 못하느냐
7. 너희는 누룩 없는 자인데 새 덩어리가 되기 위하여 묵은 누룩을 내어버리라 우리의 유월절 양 곧 그리스도께서 희생이 되셨느니라
8. 이러므로 우리가 명절을 지키되 묵은 누룩도 말고 괴악하고 악독한 누룩도 말고 오직 순전함과 진실함의 누룩 없는 떡으로 하자

| | 유월절<br>πασχα 파스카<br>חספ 페사흐 | 무교절<br>αζυμος 아자모스<br>תוצמ 마조트 | 초실절<br>απχη θεριομου<br>아르케 테리스무<br>רמע 오메르 레이쉬트 | 오순절<br>πεντηκοστη<br>펜테코스테<br>תעובש 샤브오트 | 나팔절<br>ο φωτος του ετου<br>호 프로토스 투 에투<br>הערת WRN 로쉬하샤나 | 속죄절<br>ημερα εξιλασμου<br>헤메라 엑시라스무<br>רופכ םוי 욤 키프르 | 장막절<br>σκηνη 스케네<br>תוכס 수코트 |
|---|---|---|---|---|---|---|---|
| **〈구약〉 유대인** | 〈일시〉 1월 14<br>〈명칭〉 과월절<br>〈행사내용〉<br>1.어린양의 죽음<br>2.우슬초로 문 인방과 좌우 설주에 피바름<br>〈영하〉<br>레23:4~5 / 고전5:7~8<br>신16:1,5~6 / 출12:6,13,21~28 | 〈일시〉 1월 15~22<br>〈행사내용〉<br>무교병 곧 고난의 떡을 먹으며(애굽을 떠날때 급히 먹은 떡)<br>〈영하〉<br>레6:3 / 고전5:8 / 민9<br>수5:10 / 고전12:17,137<br>출36:3~8 | 〈일시〉 유월절 안식일 다음날<br>〈행사내용〉<br>첫열매의 단을 거제로 흔들어 바침(제사장이 손들어 흔들었도록) 제사장에게 가져감<br>〈영하〉<br>출23:19 / 레23:9~14 | 〈일시〉 3월 6일<br>〈명칭〉 칠칠절, 예수절<br>〈행사내용〉<br>고운가루에 누룩을 넣어 구운 두 덩어리의 떡으로써 제사장이 이것을 흔들어드림...<br>〈영하〉<br>신16:10 / 레23:15~22 | 〈일시〉 7월 1일<br>〈명칭〉<br>〈행사내용〉<br>1.회중을 소집하여 진군 진행에 임해<br>2.기쁨이 날과 경건의 대속 나팔부름<br>〈영하〉<br>레10:2 / 레23:23~25 / 민29:1~6<br>레23:9 | 〈일시〉 7월 10일<br>〈명칭〉<br>〈행사내용〉<br>1.1년중 유일하게 대제사장이 지성소에 들어가 속죄소 앞과 위에 뿌림<br>〈영하〉<br>레16:30 / 레23:26~32 | 〈일시〉 7월 15~22일<br>〈명칭〉 초막절, 수장절<br>〈행사내용〉<br>국식과 포도를 거두어 들인후 8일동안 지킴<br>〈영하〉<br>출23:16 / 레23:33~44 / 신8:13 |
| **J.X구속사** | 그리스도의 십자가<br>요 1:29<br>요 19:32~36 | 그리스도의 무덤<br>마 12:38~40 | 그리스도의 부활<br>고전 15:20~<br>요 20:17 | 그리스도의 성령을 부어주심<br>행 2:1~4<br>롬 2:28 | 그리스도의 재림<br>마 24:30~31<br>고전 15:51<br>살전 4:16 | 그리스도의 나라를 바침<br>단 12:5~13<br>단 9:23~25<br>계 5:9~12 | 그리스도의 천년왕국<br>계 21:1~8<br>고후 5:1~4 |
| **성도의 심령에 나타난 복음사건** | 구원<br>롬 12:1~<br>벧전 1:2<br>계 1:5 | 성화<br>자아의 파쇄<br>겸손할 처리<br>고전 5:7~11<br>요 6:34,52 | 영의부활<br>삶의 부활<br>최후의 부활<br>롬 8:11<br>요 5:24~30 | 성령의 세례<br>성령의 세례<br>부어주심<br>요 7:37 | 재림신앙<br>주님의 재림을<br>사모함<br>히 10:37 | 성도를 성결케함<br>흠도없이 티도없는<br>성결한 성도<br>계 15:2 | 하나님의<br>나라를 이룸<br>하나님의 나라를<br>완전 누림 |

# 題目: 七대 명절로 나타난 그리스도

[본문 : 히 브 리 서 10장 1절] 1. 율법(구약)은 장차 오는 좋은 일의 그림자요 참형상이 아니므로 해마다 늘 드리는바 같은 제사로는 나아오는 자들을 언제든지 온전케 할 수 없느니라
[본문 : 고린도전서 5장 6-8절] 6. 너희의 자랑하는 것이 좋지 아니하도다 적은 누룩이 온 덩어리에 퍼지는 것을 알지 못하느냐
7. 너희는 누룩 없는 자인데 새 덩어리가 되기 위하여 묵은 누룩을 내어버리라 우리의 유월절 양 곧 그리스도께서 희생이 되셨느니라
8. 이러므로 우리가 명절을 지키되 묵은 누룩과 괴악하고 악독한 누룩으로 말고 오직 순전함과 진실함의 누룩 없는 떡으로 할찌라

| | 유월절 πασχα 파스카 nᴏᴅ 페사흐 | 무교절 αζυμος 아쥐모스 nₓₒ 마쫏 | 초실절 αρχη θερισμου 아르케 테리스무 오메르 레이쉬트 | 오순절 πεντηκοστη 펜테코스테 샤브오트 | 나팔절 ο πρωτος του ετου 호 프로토스 투 에투 요쉬하나 | 속죄절 ημερα εξιλασμου 헤메라 엑시라스무 욤 키프르 | 장막절 σκηνη 스케네 수코트 |
|---|---|---|---|---|---|---|---|
| <구약> 유대인 | | | | | | | |
| J.X구속사 | | | | | | | |
| 성도의 실생에 나타난 복음사건 | | | | | | | |

# 맺는 말

이제 여러분은 <7대 명절로 나타난 그리스도>를 통하여 위대한 출발을 시작하게 되었습니다. 앞으로 진행되는 과정들을 통하여 영적 세계와 성경이 활짝 열리기를 바랍니다. 이제부터 여러분에게는 과거의 삶과 전혀 다른 삶이 이루어질 것입니다. 여러분의 속에 와 계시는 예수 그리스도가 반드시 여러분을 모든 분야에서 성공시킬 것입니다. 앞으로 진행되는 과정 속에서 의문과 질문도 있을 수 있고, 원수 마귀의 시험도 있을 수 있으나, 두려워하지 마십시오. 여러분을 위하여 모든 것이 준비되어 있습니다. 여러분의 지도자의 인도를 잘 받아 위대한 하나님의 사람이 되어주기를 바랍니다. 여러분 한 사람이 변화됨으로 가정이 변화될 것이고, 사회가 변화될 것이고, 대한민국이 변화될 것이며, 전세계의 인류가 변화될 것입니다. 예수 그리스도 안에는 모든 것의 비밀이 숨어 있습니다. 하나 하나씩 알아가는 기쁨이 충만하기를 바랍니다. 앞으로 여러분의 삶을 통해 나타날 새 일들을 기대하며 축복합니다!

전광훈 목사 드림

전광훈 목사 성경공부 시리즈 01

# 7대 명절로 나타난 그리스도(교사용)

**초판 발행** 2024년 10월 14일

**지은이**　전광훈
**편집**　전에녹, 양메리
**펴낸곳**　주식회사 뉴퓨리턴

**주소**　서울특별시 성북구 장위로 40다길 19, 1층 106호(장위동)
**대표전화**　070-7432-6248
**팩스**　02-6280-6314
**출판등록**　제25100-2023-043호
**이메일**　info@newpuritan.kr

**ISBN**　979-11-986060-6-8(03230)